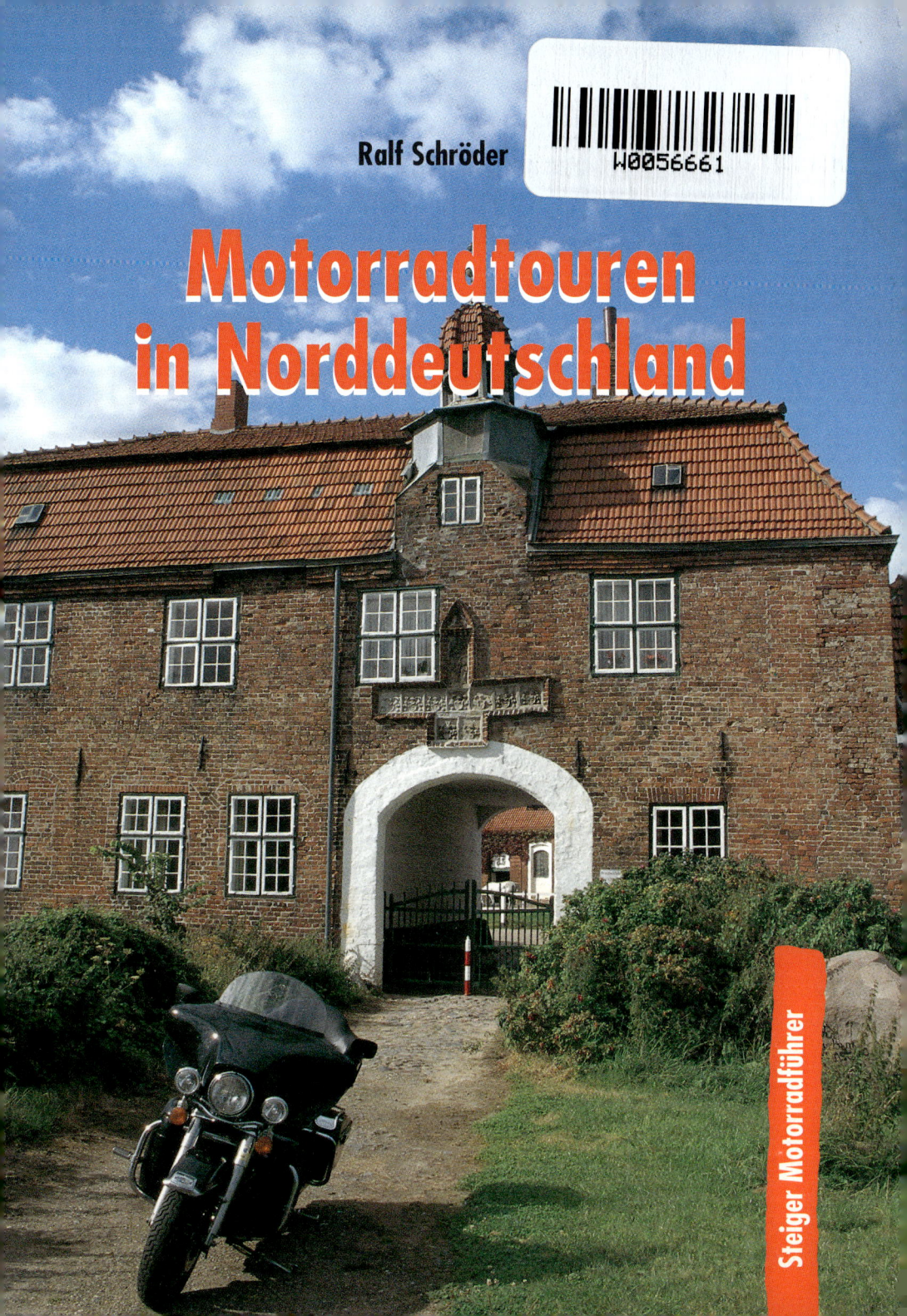

Ralf Schröder

Motorradtouren in Norddeutschland

Steiger Motorradführer

Ralf Schröder

Motorradtouren
in Norddeutschland

56 Farbabbildungen, 18 Tourenkarten und eine Übersichtskarte

Steiger Motorradführer

Der Autor:
Ralf Schröder lebt als freier Journalist und Buchautor in Schleswig-Holstein. Er ist seit 1976 mit dem Motorrad im Norden unterwegs und legt im Jahr zwischen 20 000 und 30 000 Kilometern auf zwei Rädern zurück. Die Touren dieses Buches wurden von ihm in den letzten Monaten aktuell recherchiert.

Die Deutsche Bibliothek - CIP-Einheitsaufnahme

Schröder, Ralf:
Motorradtouren in Norddeutschland / Ralf Schröder. - Augsburg :
Steiger, 1999
   (Steiger-Motorradführer)
   ISBN 3-89652-164-0

Alle Informationen und Hinweise ohne jede Gewähr und Haftung.

Gedruckt auf chlorfrei gebleichtem Papier.

© 1999 **Steiger Verlag**
Ein Imprintverlag der Weltbild Verlag GmbH, Augsburg
Alle Rechte vorbehalten
Lektorat: Frank Auerbach und Frank Heins
Kartenskizzen: Ingenieurbüro für Kartographie Heidi Schmalfuß, München
Umschlag- und Layoutentwurf: Petra Pawletko, Augsburg
Satz und Layout: Frank Menge
Reproduktion: Repro Ludwig, Zell am See
Roadbooks: Typework, Augsburg
Druck und Bindung: Appl, Wemding

Einbandvorderseite: Schwedeneck bei Kiel
Einbandrückseite: Unterwegs auf der Alten Salzstraße
Seite 1: Gut Ludwigsburg bei Eckernförde
Seiten 2/3: Im Naturpark Lauenburgische Seen
Bildnachweis: Harzer Verkehrsverband 116/117, 118, 119; Klaus-Peter Sanft 14/15, 49, 99;
Tourismusverband Sachsen-Anhalt 115; Verkehrsverein Glückstadt 74/75, 77.
Alle weiteren Abbildungen stammen von Ralf Schröder.

Printed in Germany

ISBN 3-89652-164-0

INHALT

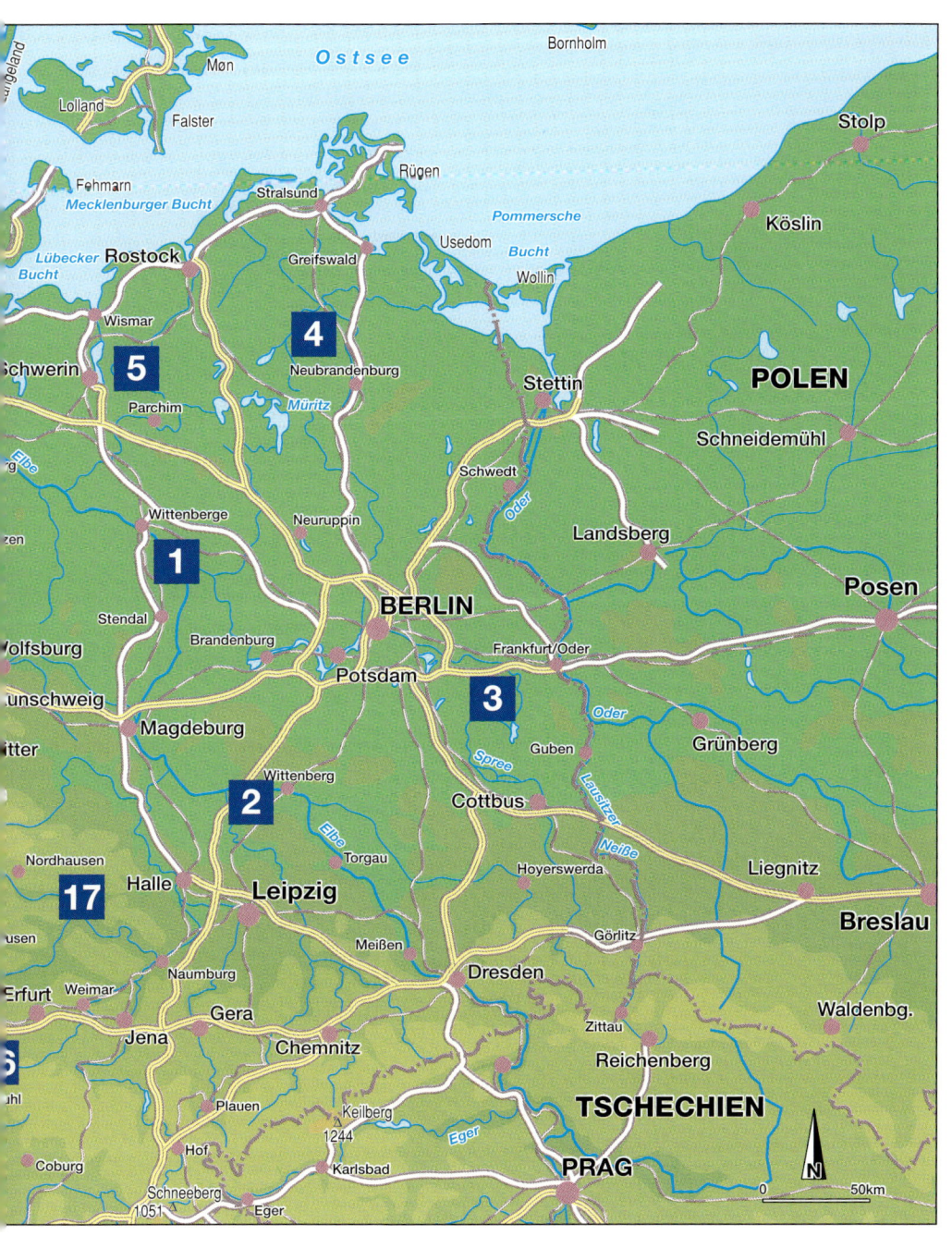

VORWORT

Wer in den Bergen unterwegs ist, fährt einen Paß um seiner selbst willen – denn der Weg ist das Ziel. Im norddeutschen Flachland gibt es zwar auch zahlreiche schöne Straßen, doch die meisten Motorradfahrer suchen sich ein Ziel – sie wollen zum Matjesessen nach Glückstadt, zum Krabbenpulen nach Hornumersiel oder zum Baden an den Ostseestrand. Irgendein guter Grund findet sich immer, um losfahren zu können. Und ich habe solche Tourenziele in die Routen eingebaut, wo es Sinn macht.

Bei der großen Fläche, die dieser Band abdeckt – die nördliche Hälfte Deutschlands nämlich –, stellte sich die Frage, welche Art von Touren denn eigentlich beschrieben werden sollten. An welche Zielgruppe wendet sich der Autor mit seinem Buch? Ich habe mich für die Art von Motorradreisen entschieden, die ich selbst bevorzuge: Strecke machen, Distanzen überwinden, auf landschaftlich schönen und interessant zu fahrenden Straßen. Einerseits sollen die Touren es uns ermöglichen, Norddeutschland von Norden nach Süden (bis zum Übergang nach Süddeutschland – und zum Anschluß an den Parallelband „Motorradtouren in Süddeutschland") und von Osten nach Westen zu durchkreuzen, aber nicht auf den schnellsten, sondern auf den schönsten Strecken. Andererseits sollen die Touren so kombinierbar sein, daß Tages- oder Wochenendausflüge daraus werden können. Um diese beiden selbstgesteckten Ziele zu erreichen, waren manchmal Kompromisse nötig. Als Beispiel: Einmal quer durch den Thüringer Wald zu fahren, wird dieser außerordentlichen Region nicht gerecht. Aber der Anschluß an die große Runde Harz – Hessisches Bergland – Rhön – Thüringer Wald – Kyffhäuser, in die man sowohl bei Kassel oder Leipzig als auch bei Hannover einsteigen kann, war mir wichtiger als das komplette Erschließen eines ganzen Reviers. Wenn es Ihnen irgendwo gut gefällt, dann suchen Sie sich ein Quartier; Sie machen einen netten Tagesausflug und setzen erst danach wieder die Touren dieses Buches fort. Schließlich gibt es noch viel mehr gute Motorradstraßen, als dieses Buch sie beschreiben kann.

Und die schönsten Strecken sollten es sein! Ob ich sie wirklich immer gefunden habe, kann ich nicht mit Sicherheit behaupten. Das Wetter im Sommer und Herbst 1998 war nicht so lupenrein schön, und manche Tour endete im Regen oder gar im Nebel. So ist das im wirklichen Leben – es wird Ihnen nicht anders ergehen. Aber – habe ich da vielleicht den einen oder anderen schönen Ausblick übersehen?

Klaus-Peter Sanft hat für fünf Touren, die ich schon öfter gefahren war, die Roadbooks erfaßt (ihm sei hier noch einmal ausdrücklich gedankt!). Er wurde auf dem Rückweg von Kassel von einem heftigen Hagelschauer erwischt, den er glücklicherweise unter einer Autobahnbrücke aussitzen konnte... 1998 war im Norden kein Jahr für Motorradfahrer! Trotzdem möchte ich als überzeugtes „Nordlicht" nicht das Märchen wiederholen, daß es im Norden der Republik ständig regnet. Nein – die jährliche Niederschlagsmenge von Hamburg ist sogar niedriger als die von München!

Süddeutschen mit fest installiertem Alpenblick kann ich nur empfehlen, auch einmal die andere Richtung auszuprobieren. Es hat schon etwas ganz Eigenes, in Nordfriesland auf einer schnurgeraden Straße in Schräglage zu fahren, weil der steife Westwind so kräftig von der Seite bläst. Und Sie werden es natürlich beim Lesen merken, daß ich meine Lieblingstouren habe. Schleswig-Holstein, Mecklenburg-Vorpommern und ein wenig Ostfriesland und das Weserbergland – das ist mein Revier! Andere Touren führen durch Orte, deren Namen ich vorher nicht kannte. Ich gebe freimütig zu, daß ich nie zuvor von Potsdam nach Dresden auf Nebenstraßen gefahren bin; und diese Tour habe ich dann als eine echte Entdeckung empfunden. Wenn das Buch dazu beiträgt, daß auch Sie Lust auf solche Entdeckungen bekommen, dann hat es schon einen wichtigen Zweck erfüllt.

Noch ein paar praktische Hinweise: Damit die Roadbooks nicht als überlange Rollen gedruckt werden müssen, wurde nicht jede Kreuzung oder jeder Abzweig angegeben, solange Sie sich auf einer Vorfahrtstraße befinden. Das ist bei Bundesstraßen ganz unproblematisch, denn hier folgt man einfach der Numerierung. Bei Landstraßen habe ich nur dann Kreuzungen weggelassen, wenn die Fahrtrichtung eindeutig ist. Die Entfernungen sind im Roadbook zum nächsten vollen Kilometer auf- bzw. abgerundet. Wo „10 km" steht, kann der Abzweig schon nach 9,7 oder aber auch erst nach 10,3 Kilometern kommen. Die Tachos gehen sowieso alle etwas unterschiedlich. Die Roadbooks sollten also nicht mit zu vielen Informationen überladen und dadurch unübersichtlich werden. Außerdem nehmen Sie bestimmt einen geeigneten Straßenatlas oder die relevanten Generalkarten mit, wenn Sie aufbrechen. Die Hotels sind, anders als in den Alpen, nur in Ausnahmefällen auf Motorradfahrer eingestellt. In den Städten war es manchmal

schwierig, überhaupt günstige Übernachtungsmöglichkeiten zu finden. Der Gasthof an der Landstraße ist allemal billiger und oft auch persönlicher als das Stadthotel. Im Zweifelsfall fragt man am besten in den örtlichen Touristenbüros nach; sie geben gern Auskunft und vermitteln immer öfter auch Quartiere.

Eine Anmerkung noch zum oft gescholtenen Straßenzustand in den neuen Bundesländern. Er ist mittlerweile weit besser als sein Ruf, jedenfalls außerhalb geschlossener Ortschaften. Ab dem Ortsschild, wo die Gemeinden zuständig sind, machen sich gelegentlich leere Stadtsäckel in Gestalt massiver Schlaglöcher bemerkbar. Aber es tut sich viel im Osten – da war beispielsweise der Ortskern von Malchow 1998 eine einzige riesige Baustelle, so daß ich eine Ortsdurchfahrt nicht beschreiben konnte. In solchen Fällen muß man ein wenig improvisieren. Ansonsten habe ich nach bestem Wissen und Gewissen möglichst genaue Angaben gemacht – und sollte trotzdem etwas nicht (mehr) stimmen, lassen Sie es uns bitte wissen.

Und nun: viel Spaß auf den Touren durch Deutschlands Nordhälfte!
Keep the rubberside down!

Ralf Schröder

DAS ROADBOOK

Das Roadbook dient der schnellen Orientierung an den entscheidenden Punkten der Tour, an Kreuzungen und in Orten. Das Roadbook können Sie z.B. in einer Klarsichthülle auf dem Tank oder in speziellen Roadbook-Haltern transportieren, die Sie in vielen Fachgeschäften für Motorradzubehör erhalten. Zu diesem Zweck liegen dem Buch die Roadbooks lose bei; sie sind aber zur Orientierung bei der Vorbereitung auch bei den jeweiligen Tourenbeschreibungen abgedruckt.

Ein kurzer Blick während der Fahrt auf Ihr Roadbook genügt Ihnen, um die richtige Abzweigung zu erkennen oder um festzustellen, ob der nächste Ort eine Besichtigung wert ist.

Im „Kopf" des Roadbooks finden Sie allgemeine Informationen: die Nummer der Tour, die angefahrenen Regionen, vor allem aber das geeignete Kartenmaterial.

Das Roadbook selbst gliedert sich in fünf Spalten:
Die Spalte **Nr./km** numeriert die Positionen, d.h. alle aufgeführten Kreuzungen, und zeigt Ihnen die Entfernung zwischen dieser und der vorherigen Roadbook-Position.
Die Spalte **Road** nennt die Straße, auf der Sie sich zur Zeit befinden.
Die Spalte **Position** nennt den Ort, an dem Sie sich befinden.
Die Spalte **Richtung** zeigt Ihnen, in welche Richtung Sie an dieser Position fahren müssen.
Die Spalte **Information** gibt Ihnen zusätzliche Hinweise zu der Position, an der Sie

sich befinden, z.B. Übernachtungsmöglichkeiten, Sehenswürdigkeiten oder Varianten, die sich abseits der Hauptroute anbieten.

Um den Überblick zu erleichtern, wurden folgende Abkürzungen und Piktogramme verwendet:

<20 km> = Streckenlänge hin und zurück

 = Hier bin ich

= In diese Richtung geht es weiter

= Panoramablick

= Reizvoller Blick

= Variante zur Hauptroute

= Abstecher

= Straßennummer

= Bikerfreundlich, Bikertreff

= Günstig übernachten

= Sehenswert

AN ELBE UND HAVEL ENTLANG:
VON HAMBURG BIS NACH POTSDAM

 Ausgangsort
Hamburg-Bergedorf

 Zielort
Potsdam

 Gesamttourenlänge
300 km

 Zeitbedarf
1 Tag

 Anschluß
Tour 2 von Potsdam nach Dresden; Tour 4 über den Berliner Ring nach Oranienburg, von dort nach Rügen; Tour 3 über den Berliner Ring in beide Richtungen möglich

 Streckensperrung
Elbuferstraße von Drethem bis Hitzacker Sa., So. und Feiertage

 Sehenswertes
Lauenburg: Altstadt; Dannenberg: Grafenburg, Fachwerkhäuser; Havelberg: Domkirche; Potsdam: Filmstudios Babelsberg, Sanssouci

Kurzbeschreibung
Wenn man erst einmal aus Hamburg raus ist, verläuft die Strecke zunächst am hohen Elbufer bis Lauenburg. Die Elbuferstraße in Richtung Hitzacker und Dannenberg gehört zu den beliebtesten Motorradstrecken der Region, was leider zu einer Streckensperrung an Wochenenden geführt hat. Weiter östlich herrscht wieder freie Fahrt, soweit es das Pflaster zuläßt. Jenseits der Elbefähre geht es hinein in die sandige brandenburgische Heidelandschaft.

Immer wieder säumen mächtige Bäume die kleinen Straßen auf dem Weg von Hamburg entlang der Elbe bis nach Potsdam.

Einst muß die Elbe von einer Steilküste gesäumt gewesen sein. Dieser Eindruck drängt sich jedenfalls zwischen Geesthacht und Lauenburg auf, wo die B5 am hohen Ufer des Elbe-Urstromtals verläuft. Links der Mischwald – rechts die breite, fruchtbare Elbmarsch. Wer auf dem Weg aus der Stadt andere Motorradfahrer treffen will, sollte von Hamburg-Bergedorf aus einen kleinen Schwenk über Curslack zum Fähranleger

ROADBOOK: Motorradtouren in Norddeutschland

Tour 01		Region: Elbe und Havel Etappe: Hamburg – Potsdam		Karte: Generalkarte Deutschland, Bl. Nr. 5, 30, 33
Nr. km	**Road**	**Position**	**Richtung**	**Information**
1	5	HH-Bergedorf	↑ Lauenburg	▼ Rechts nach HH-Curslack, Elbefähre Zollenspieker zurück über Geesthacht zur B5
2 / 9	5	hinter Escheburg Kreuzung 404	← Lauenburg	
3 / 16	5	Lauenburg	↑ Boizenburg	
4 / 3	5	Lauenburg	→ 209 Lüneburg	Altstadt, Elbuferpromenade
5 / 2,5	209	Ortsausgang Lauenburg	← Bleckede, Elbuferstraße	Schützenhof, Große Straße 22, Artlenburg, Tel. 0 41 39/70 30
6 / 5		hinter Hittbergen	← Elbuferstraße Garlstorf	
7 / 8		hinter Garlstorf	← Elbuferstraße Bleckede	
8 / 9		Bleckede	← Dahlenburg Elbuferstraße	
9 / 1		Bleckede	↑ Dahlenburg Hitzacker	
10 / 1		Ortsausgang Bleckede	← Elbuferstraße Hitzacker	
11 / 4		Alt-Garge	← Elbuferstraße Hitzacker	
12 / 2		hinter Wohld	← Elbuferstraße Hitzacker	
13 / 7		Neu Darchau	→ Elbuferstraße Hitzacker	
14 / 8		Drethem	← Hitzacker	Achtung: Ab hier Streckensperrung für Motorräder Sa., So. und Feiertage; ▼ über Wietzetze nach Hitzacker
15 / 2				Elbeaussichtspunkt, Turm
16 / 2		Tiessau	↑ Hitzacker	
17 / 5		Hitzacker	→ Dannenberg	Hotel Waldfrieden, Weinbergsweg 25, Hitzacker, Tel.0 58 62/9 67 20
18 / 0,8		Hitzacker	↑ Penkefitz	
19 / 4,5		vor Penkefitz	← Landsatz Damnatz	
20 / 8		hinter Damnatz Kreuzung 191	↑ Gusborn OT Quickborn	

Zollenspieker machen, einem der traditionellen Biker-Treffpunkte im Osten der Hansestadt. Ein Teil der Motorradfahrer steht bei Herberts Imbiß am Oortkatener See, weil Herbert die bessere Wurst hat; der rest trifft sich direkt am Fähranleger. Nach Hoopte überzusetzen und auf dem anderen Elbufer nach Lauenburg zu fahren, macht wenig Sinn, weil zu viele Ortsdurchfahrten bremsen. Lauenburg lohnt eine Kaffeepause, falls es dafür nicht noch zu früh ist. Hinter den Brücken über den Elbe-Lübeck-Kanal und die Elbe geht es links ab zur Elbuferstraße. Die Strecke ist bei Ausflüglern sehr beliebt, nicht nur bei Motorradfahrern. Sie bietet sich für kurze Rundtouren an, denn

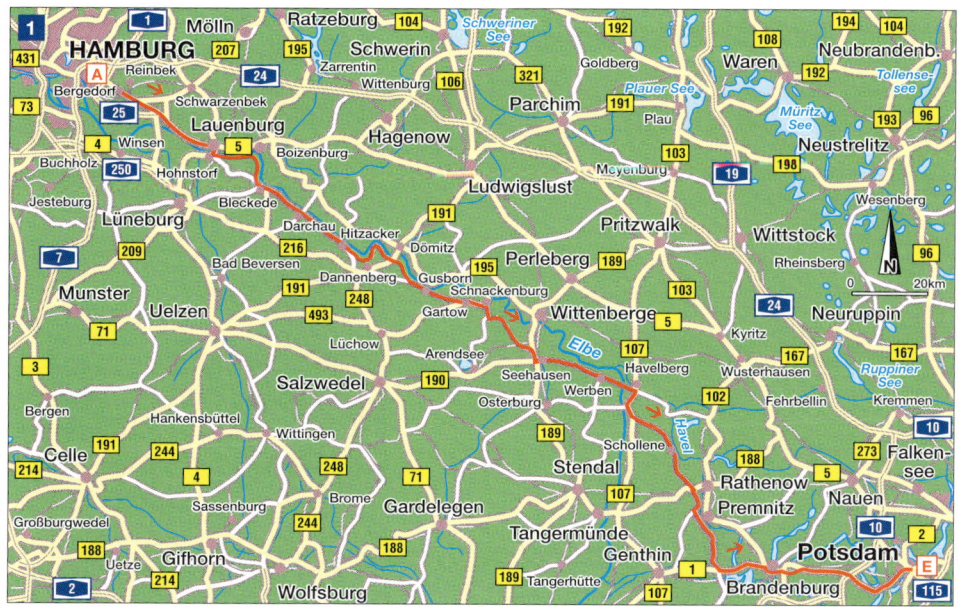

Lauenburg liegt malerisch am hohen
Elbufer. An der Promenade finden sich
zahlreiche Cafés mit Elbblick.

Nr. / km	Road	Position	Richtung	Information
21 / 0,5		Quickborn	↑ Groß Gusborn	
22 / 3		Groß Gusborn	← Gartow	
23 / 20		Gartow Kreuzung **493**	← **493** Schnackenburg Kapern	
24 / 6		Kapern	→ Bömenzien Seehausen	
25 / 2,5		vor Bömenzien	→ Bömenzien Ahrendsee	
26 / 2		Drösede	← Groß Garz	
27 / 15		Kreuzung **190**	← **190** Wittenberge Seehausen	
28 / 3	190	Kreuzung **189**	↑ Seehausen	
29 / 0,7		Seehausen	← Wittenberge Werben	
30 / 0,4		Seehausen	→ Werben	
31 / 18		Werben	↑ Havelberg	
32 / 5		Elbefähre		
33 / 3		Havelberg	→ **107** Genthin	
34 / 7	107	vor Wulkau	← Rathenow	
35 / 16		Schollene	↑ Rathenow	
36 / 12		**188** Kreuzung	← **188** Rathenow	
37 / 3	188	Rathenow	→ **102** Brandenburg	
38 / 28	102	Brandenburg	↑ **1** Potsdam	
39 / 2	1 / 102	Brandenburg	→ Potsdam Genthin	
40 / 0,5	1 / 102	Brandenburg	↑ Potsdam Belzig	

bei Bleckede kann man mit einer Fähre ans andere Ufer gelangen; von Dannenberg nach Dömitz führt eine Brücke hinüber. Zwischen Drethem und Hitzacker ist die Elbuferstraße an Wochenenden leider für Motorräder gesperrt, die Biker-Union kämpft seit Jahren vergeblich gegen diese ungerechtfertigte Beschränkung. Biker dürfen den Blick vom Aussichtspunkt zwei Kilometer hinter Drethem nur in der Woche genießen. Nach dem Kreuzen der B191 geht es durch das Wendland nach Gorleben, das durch das geplante Endlager für radioaktiven Müll seit Jahren Schau-

Die Elbuferstraße führt durch den Naturpark Elbufer-Drawehn und ist bei Motorradfahrern sehr beliebt. Leider ist ein Teilstück in der Nähe von Hitzacker an Wochenenden für Motorräder gesperrt.

platz von Auseinandersetzungen zwischen Atomkraftgegnern und der Polizei ist. Salzstöcke sollen für die Lagerung des radioaktiven Materials genutzt werden. Einst begründeten die Salzstöcke den Wohlstand der gesamten Region zwischen Lüneburg und Celle, Ortsnamen wie Salzwedel erinnern an die frühindustrielle Salzgewinnung. Immer wieder führt die Straße bis an die Elbe heran, die sich durch das flache Land zwischen Niedersachsen und Brandenburg windet. In Gartow ist das Barockschloß von 1710 sehenswert. Die Bundesstraße 493 führt von Gartow nur noch bis Schnackenburg und endet an der Elbe – ein Stück deutsch-deutscher Geschichte, denn hier verlief bis vor zehn Jahren die Grenze.

In Brandenburg führt die Route ab Seehausen ein Stück über die „Straße der Romanik". Bevor Havelberg mit seiner Domkirche erreicht wird, muß zunächst die Elbe überquert werden. Die kleine Fähre hat keinen Motor, sondern ist eine alte Gierfähre. Mit langen Seilen ist sie an einem Punkt flußaufwärts befestigt, die Länge der Seile kann variiert werden. Dadurch ändert sich der

Nr. / km	Road	Position	Richtung	Information
41 / 6	1 / 102	Brandenburg	↑1 Potsdam ←	
42 / 17	1	Kreuzung A 10	↑ Potsdam	
43 / 18	1	Potsdam Zentrum		Lilli Marleen Film-Hotel, Großbeerenstr. 75, Potsdam-Babelsberg, Tel. 03 31/74 32 00 Indian Motocycle Café, Berliner Str. 88, Potsdam

muß man allerdings auf der B1 mit starkem Verkehr rechnen – die Hauptstadt läßt grüßen. In Potsdam gehört natürlich Schloß Sanssouci zum Pflichtprogramm. Die großzügige Anlage kann sogar ausgesprochene Kulturbanausen begeistern. Witzig ist auch eine Tour durch die Filmstudios von Babelsberg. Wer bis nach Berlin hineinfahren möchte, sollte den Berufsverkehr meiden; die Stadt ist ein herbes Pflaster für ortsunkundige Motorradfahrer. Relativ einfach kommt man über die B1, die A115 – von der legendären Rennstrecke, der Avus, ist nur noch die Tribüne an der Nordschleife erhalten – und über den Kaiserdamm in die City. In Ku'damm-Nähe liegt die Hotel-Pension Funk, wo es sich für Berliner Verhältnisse günstig übernachten läßt. Das Motorrad parkt entweder an der Laterne oder im Parkhaus – beides kann mit den für Großstädte üblichen Problemen verbunden sein. Hotels mit eigenen Garagen sind deutlich teurer.

Anstellwinkel, und allein die Strömung des Flusses drückt die Fähre ans andere Ufer. Billig und genial ist dieses Verfahren, doch ein wenig langsam. Immerhin gibt es noch einige wenige Gierfähren an der Elbe (siehe Tour 2).

Die Straßen durch das waldreiche Land Schollene sind richtig klein und teilweise reparaturbedürftig. Wer die langen Geraden vorzieht, kann von Havelberg aus die schnurgerade B107 Richtung Jerichow wählen. Landschaftlich interessanter ist jedoch die Route entlang der Havel und durch das Havelland. Je näher man Potsdam kommt, desto öfter blitzen Seen rechts und links im Sonnenlicht. Spätetsens ab Brandenburg

WEITERFÜHRENDE INFORMATIONEN

 Günstige Übernachtung

Schützenhof
Große Straße 22
Artlenburg
Tel. 0 41 39/70 30

Hotel Waldfrieden
Weinbergsweg 25
Hitzacker
Tel. 0 58 62/9 67 20

Lilli Marleen Film-Hotel
Großbeerenstraße 75
Potsdam-Babelsberg
Tel. 03 31/74 32 00

Hotel-Pension Funk
Fasanenstraße 69
Berlin
Tel. 0 30/8 82 71 93

 Auskunft

Tourismusverband Land Brandenburg
Schlaatzweg 1
14473 Potsdam
Tel. 03 31/2 75 28-0
Fax 03 31/2 75 28-10

ÜBER FLÄMING UND ELBE ZUR SÄCHSISCHEN SCHWEIZ: VON POTSDAM NACH DRESDEN

Ausgangsort
Potsdam-Süd

Zielort
Dresden

Gesamttourenlänge
250 km

Zeitbedarf
1 Tag

Anschluß
Siehe Band „Motorradtouren in Süddeutschland"

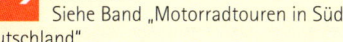

Sehenswertes
Potsdam: Sanssouci, Filmstudio Babelsberg; Wörlitz: Wörlitzer Park; Oranienbaum: Schloß; Meißen: Porzellanmuseum; Radebeul: Karl-May-Museum; Dresden: Zwinger, Semperoper, Schloß Pillnitz, Elbsandsteingebirge

Kurzbeschreibung
Von Potsdam aus geht es zunächst durch den waldreichen und leicht hügeligen Fläming in Richtung Wiesenberg und Coswig, wo die Elbe überquert wird. Durch den Naturpark Dübener Heide führt die Tour zurück zur Elbe bei Meißen, über die stark befahrene B6 dann ins Elbflorenz nach Dresden.

Eine gleichmäßige, ruhige Landschaft beginnt gleich hinter der Autobahn-Abfahrt Potsdam-Süd. Dafür, daß Berlin nur 25 Kilometer entfernt liegt, wird es erstaunlich schnell einsam. Kleine Städtchen wie Beelitz, Belzig und Wiesenburg liegen verschla-

fen in den Wäldern. Ein paar Kurven deuten an, daß wir an Höhe gewinnen. Immerhin ist der Hagelberg als höchster Punkt des Fläming 200 Meter hoch. Zwischen Belzig und Wiesenburg führt die Route ein kurzes Stück über die Deutsche Alleenstraße, daran anschließend wieder durch lichten Wald in Richtung Coswig.

Die Ortsdurchfahrt Coswig ist schlecht ausgeschildert, weil die Hinweise auf den weiteren Verlauf der B107 fehlen. Erst wenn man ein kurzes Stück innerorts in Richtung Wittenberg auf der B187 gefahren ist, taucht wieder ein Schild auf. Warum das so ist, wird nach dem Abbiegen klar: Die B107 in Richtung Wörlitz und Oranienbaum besteht aus uraltem Kopfsteinpflaster und endet nach 800 Metern an der Elbefähre. Wie zuvor bei Havelberg (siehe Tour 1) handelt es sich um eine Gierfähre, die von der Strömung des Flusses angetrieben wird. Sie verkehrt nur tagsüber, abends ist diese Bundesstraße sozusagen geschlossen. Von Bord der kleinen Fähre, auf der keine zehn Autos Platz finden, hat man noch einmal einen schönen Blick auf Coswig mit seinen Häusern oberhalb der Elbe.

Am gegenüberliegenden Ufer wartet die nächste Überraschung. Die Bundesstraße besteht auf den folgenden sechs Kilometern aus grobem Kopfsteinpflaster und ist einspurig! Vom Fahren her ist das nicht unbedingt ein Genuß, vor allem weil Moosbewuchs die Steine an schattigen Stellen

17

ROADBOOK: Motorradtouren in Norddeutschland

Tour 02	Region: Elbe und Sächsische Schweiz Etappe: Potsdam – Dresden		Karte: Generalkarte Deutschland, Bl. Nr. 33, 34, 37
Nr. km	**Road**	**Position**	**Richtung**	**Information**
1	A10	Abfahrt Potsdam-Süd	[2] Beelitz	Lilli Marleen Film-Hotel, Großbeerenstr. 75, Potsdam-Babelsberg, Tel. 03 31/74 32 00
2 / 8	2	Beelitz	[246] Belzig	
3 / 7	246	Kreuzung A9	Belzig	[V] Tourbeginn aus Richtung Süden kommend
4 / 11	246	Brück	Belzig	
5 / 0,3	246	Brück	Belzig	
6 / 13	246	Belzig	Wiesenburg	
7 / 0,6	246	Belzig	Wiesenburg	
8 / 0,4	246	Belzig	Wiesenburg	
9 / 10	246	Wiesenburg	Coswig	Schloß [icon]
10 / 0,8	246	Wiesenburg	[107] Coswig	
11 / 2	107	Wiesenburg-Bahnhof	Coswig	
12 / 2	107	Jeserig	Coswig	
13 / 15	107	Kreuzung A9	Coswig	
14 / 8	107	Coswig	[107] folgen	
15 / 0,4	107 187	Coswig	Rosslau	Hotel Fichtenbreite, Fichtenbreite 5, Coswig, Tel. 03 49 03/6 61 50
16 / 1	107 187	Coswig-Innenstadt	Wörlitz Wittenberg	
17 / 0,8	107	Coswig	2x Wörlitz Gräfenhainichen Elbefähre	Elbefähre nur 7–19 Uhr, [187] bis A9, A9 bis Dessau Ost, weiter nach Oranienbaum
18 / 6	107	Wörlitz	Zentrum	Wörlitzer Park [icon]
19 / 0,5		Wörlitz	Dessau	
20 / 1	107	Griesen	Dessau Gräfenhainichen	

glitschig macht. Doch die idyllische Flußaue der Elbe ist wunderschön, ein idealer Platz für ein Picknick. Der Kontrast bei der Einfahrt nach Wörlitz könnte kaum größer sein: An der einspurigen, leeren Bundesstraße tauchen plötzlich große Hinweistafeln auf das örtliche Parkleitsystem auf. Es ist der Wörlitzer Park, der so viele Besucher lockt, daß rund um den 2000 Einwohner zählenden Ort große Parkplätze angelegt wurden. Fürst Leopold Friedrich Franz von Anhalt-Dessau ließ zwischen 1765 und 1805 auf einem 112 Hektar großen Gelände am Wörlitzer See den ersten Landschaftspark in Deutschland nach englischem Vorbild sowie eine Sommerresidenz erbauen. Eine Bootsfahrt ist die schnellste Möglichkeit, die schöne Parkanlage kennenzulernen, ansonsten heißt es wandern. Einkehrmöglichkeiten gibt es mehrere, oft sind sie allerdings von Busgruppen okkupiert. Bei Gräfenhainichen ist Schluß mit der Pracht – hier hat der Tagebau Wunden in der Landschaft hinterlassen. Die Dübener Heide, dem Fläming nicht unähnlich, läßt den Anblick schnell vergessen. Leicht wellig, ja fast schon bergig ist dieser Naturpark. Bad Düben, am Flüßchen Mulde gelegen, ist ein Verkehrsknotenpunkt, die beliebte Blockumfahrung – in jede Himmelsrichtung mindestens einmal abbiegen – sorgt für Verwirrung: Der Abzweig nach Torgau mitten im Zentrum ist unübersichtlich, das Schild gut versteckt. Trotzdem lohnt die Gegend ein paar Abstecher. Schön ist beispielsweise der Verlauf der B2 von Wittenberg nach Bad Düben, auch die Straße Richtung Bad Schmiedeberg hat ihre Reize.

Wir halten uns noch fern vom Schwerlastverkehr der sächsischen Ballungsgebiete und genießen die Nebenstraße von Mockrehna nach Schildau. Richtig nett anzuschauen ist Dahlen, eine Kleinstadt auf dem Weg zur B6. Motorradfahrer scheinen hier selten zu sein, zumindest wird man auf dem Markplatz mächtig beäugt. Wer nach Dresden will, kommt an der B6 nicht vorbei. Als Ausweichstrecke zur Autobahn nach Leipzig ist die B6 vielbefahren. Für die Schönheiten am Straßenrand reicht die Aufmerksamkeit kaum.

Bei Coswig überquert die B107 mittels einer herrlich altmodischen Gierfähre die Elbe.

Nr. / km	Road	Position	Richtung	Information
21 / 0,3	107	Griesen	← Gräfenhainichen	Schloß Oranienbaum 
22 / 13	107	Gräfenhainichen	↑ Bad Düben	
23 / 3	107	Gräfenhainichen	→ Bad Düben	
24 / 10	107	Schköna	→ Bad Düben	
25 / 6	107	Schwemsal	← 183 Bad Düben	
26 / 4	107 183	Bad Düben	→ 2 Leipzig	
27 / 0,4	2 183	Bad Düben	← Torgau	Hotel National, Ritterstraße 16, Bad Düben, Tel. 03 42 43/2 50 60
28 / 0,1	183	Bad Düben	← Torgau	
29 / 0,1	183	Bad Düben-Innenstadt	→ Torgau	Achtung: unübersichtlich!
30 / 1	183	Bad Düben	← Torgau	
31 / 15	183	6 km hinter Pressel	→ Mockrehna	
32 / 7		Mockrehna	→ 87 Eilenburg	
33 / 0,1	87	Mockrehna	← Schildau	
34 / 10		Schildau	↑ Sitzenroda	
35 / 4		Sitzenroda	→ Dahlen	
36 / 10		Dahlen	← Oschatz	
37 / 0,1		Dahlen	→ Oschatz	
38 / 0,4		Dahlen	← Oschatz	
39 / 4		Großböhla	← Oschatz	
40 / 4		hinter Neuböhla	← 6 Meißen Riesa	

20

Jenseits der Dübener Heide beginnt eine fruchtbare flache Landschaft, die dicht besiedelt ist. Die alte Windmühle steht bei Mehltheuer zwischen Oschatz und Dresden.

Nr. km	Road	Position	Richtung	Information
41 / 5	6	Oschatz	↑	Meißen Riesa
42 / 10	6	Kreuzung 169 Richtung Riesa	↑	Meißen
43 / 0,5	6	Kreuzung 169 Richtung Döbeln	↑	Meißen
44 / 4	6	Nähe Mehltheuer	Meißen ↰	
45 / 10	6	Zehren	Meißen ↰	
46 / 6	6	Meißen	↑ Dresden	Porzellanmuseum Meißen, Karl-May-Museum Radebeul
47 / 0,7	6	Meißen	↑ Dresden	Straße verschwenkt links
48 / 18	6	A4 Abfahrt Dresden-Altstadt	↑ City	Strandhotel, Markt 9, Wehlen, Tel. 035024/70424

Elbe auf, die sich hier durch ein enges Tal zwängen muß – das Elbsandsteingebirge läßt grüßen. In Meißen locken die Museen, darunter das berühmte Porzellanmuseum oder am anderen Elbufer das Karl-May-Museum in des Schriftstellers Heimatstadt Radebeul. Die letzten zwanzig Kilometer dienen nur dem Transport, sind kein Genuß mehr, aber Dresden lohnt das mühsame Gefahre. Besuche von Zwinger, Semperoper und Schloß Pillnitz oder eine Fahrt mit der weißen Flotte elbaufwärts Richtung Elbsandsteingebirge sind Programm genug für mehrere Tage. Dresden ist zudem ein guter Ausgangspunkt für Motorradtouren nach

Linker Hand eine Windmühle, rechts der Ort Mehltheuer – der Müller wird nicht beliebt gewesen sein. Bei Zehren taucht dann die Tschechien und ins Erzgebirge: Südlich von Dresden beginnt nämlich der richtige Kurvenspaß.

WEITERFÜHRENDE INFORMATIONEN

 Günstige Übernachtung

Lilli Marleen Film-Hotel
Großbeerenstraße 75
Potsdam-Babelsberg
Tel. 03 31/74 32 00

Hotel Fichtenbreite
Fichtenbreite 5
Coswig
Tel. 03 49 03/6 61 50

Hotel National
Ritterstraße 16
Bad Düben
Tel. 03 42 43/2 50 60

Strandhotel
Markt 9
Wehlen
Tel. 03 50 24/7 04 24

 Auskunft

Landesfremdenverkehrsverband Sachsen
Friedrichstraße 24
01067 Dresden
Tel. 03 51/40 17 00
Fax 03 51/4 96 93 06

Dresden Werbung und Tourismus GmbH
Goetheallee 18
01309 Dresden
Tel. 03 51/49 19 21 30
Fax 03 51/49 19 21 37

Nur rund 30 Kilometer vom Berliner Ring entfernt lockt der Fläming mit langgezogenen Kurven, wenig befahrenen Bundesstraßen und lichtem Laubwald.

RUND UM BERLIN ZUR ODER UND IN DEN SPREEWALD: VON BERLIN-WEISSENSEE NACH KÖNIGS WUSTERHAUSEN

 Ausgangsort
Berlin-Weißensee

 Zielort
Königs Wusterhausen

 Gesamttourenlänge
290 km

 Zeitbedarf
1 Tag

Anschluß
Tour 2 über Berliner Ring nach Potsdam, Tour 1 in umgekehrter Reihenfolge von Potsdam nach Hamburg

 Sehenswertes
Biesenthal: größtes Motorradtreffen im Norden; Niederfinow: Schiffshebewerk; Chorin: Kloster; Buckow: Brecht-Museum; Lübben: Ausflug per Boot in den Spreewald

Kurzbeschreibung
Obwohl so nah an Berlin gelegen, ist die Gegend zwischen der Hauptstadt und der Oder teilweise recht einsam. Es überwiegt Flachland, das sich meist als Heide mit Kiefern- und Birkenwäldern präsentiert. Die große Kurvenhatz kann man nicht erwarten, Genußtouren auf Landstraßen sind angesagt. Der Höhepunkt für Technik-Interessierte ist das Schiffshebewerk in Niederfinow.

Wer noch einen Koffer in Berlin hat, soll ihn ruhig dort lassen. Die Tour ist nämlich gut als Tagestrip rund um den Berliner Osten zu machen. Sternförmig führen die Straßen zur Hauptstadt; für uns heißt das: Diese Tour kann jederzeit abgekürzt werden, wenn man schneller wieder zu Hause sein will. Weitgehend verkehrsarme Straßen laden zum Bummeln ein, viele Kurven darf man im meist flachen Brandenburg allerdings nicht erwarten. Raus aus der City geht's am besten auf der B2 über Prenzlauer Berg; wer auf der Autobahn kommt, verläßt sie an der Abfahrt Berlin-Weißensee.

Jeden Sommer wird die B2 für ein paar Tage zur Motorradstrecke Nr.1 in Deutschland, wenn in Biesenthal das große Treffen stattfindet. Mehrere zehntausend Biker kommen für ein langes Wochenende mit Bands, Bier und viel Spaß. Zum Glück ist die B2 gerade genug, um auch den Weg nach Hause gut zu schaffen. Nach Eberswalde verläuft sie durch die Barnimer Heide, flankiert von kleinen Wäldchen, und wird zuletzt sogar noch ein bißchen kurvig.

Etwa auf halber Strecke zwischen Biesenthal und Eberswalde steht rechts am Wegesrand ein unscheinbares Schild mit dem von Hand geschriebenen Hinweis „Feldküche". Das Bremsen lohnt sich. Auf dem sandigen Parkplatz steht keine Imbißbude und keine Broilerstation, sondern eine originale NVA-Feldküche. Wem's Spaß macht: Aus der tarnfarbenen Gulaschkanone gibt's leckere, dicke Suppe mit knackigen Würstchen für kleines Geld. Drei Stehtische und eine Schutzhütte für Wanderer sind die Einrichtung dieses „Restaurants" – aber mehr braucht man auch nicht.

Die Ortsdurchfahrt von Eberswalde ist zwar ordentlich ausgeschildert – immer schön auf der B2 bleiben –, trotzdem fährt man dank Blockumfahrt und Verkehrsberuhigung einmal in jede Himmelsrichtung. Wichtig ist, daß es direkt hinter dem Bahnübergang rechts nach Niederfinow geht, das Schild steht etwas verdeckt. Die Landstraße verläuft leicht bergab, was man in dieser Gegend vielleicht nicht erwartet. Nach rechts zeigt das Schild zum Schiffshebewerk, das nicht nur für Technik-Interessierte absolut sehenswert ist. 1934 wurde es erbaut, um die 36 Meter Höhenunterschied zum Oderbruch zu überwinden. Der Oder-Havel-Kanal verbindet Berlin mit dem Seehafen Stettin, das heute Szczecin heißt. Das Bauwerk ist so

Auf der Landstraße zwischen Müllrose und Weichensdorf kann man die Autos an einer Hand abzählen.

ROADBOOK: Motorradtouren in Norddeutschland				
Tour 03	Region: Oder und Spreewald Etappe: Rund um Berlin		Karte: Generalkarte Deutschland, Bl. Nr. 33	
Nr. km	**Road**	**Position**	**Richtung**	**Information**
1	A 10	Abfahrt Berlin-Weißensee	[2] Bernau	Hotel-Pension Funk, Fasanenstraße 69, Berlin, Tel. 0 30/8 82 71 93
2 / 8	2	Bernau	Eberswalde	
3 / 1,5	2	Bernau	Eberswalde	
4 / 10	2	Biesenthal	Eberswalde	Jährlich eines der größten Motorradtreffen Deutschlands, Waldhotel am großen Wukensee, Uhlandstraße 18/19, Biesenthal, Tel. 0 33 37/21 02
5 / 15	2	Eberswalde	Bad Freienwalde	9 km hinter Biesenthal Feldküche mit echter Gulaschkanone!
6 / 0,7	2	Eberswalde	Bad Freienwalde	
7 / 1	2	Eberswalde	Angermünde	
8 / 1	2	Eberswalde, hinter Bahnübergang	Oderberg Niederfinow	
9 / 10		Niederfinow	Schiffshebewerk	
10 / 1,5		Schiffshebewerk Niederfinow	umdrehen zurück nach Niederfinow	Schiffshebewerk, Am Schiffshebewerk, Hebewerkstraße 43, Niederfinow, Tel. 03 33 62/2 09
11 / 1,5		Niederfinow	Oderberg	
12 / 8		Oderberg	Bad Freienwalde	
13 / 6		[158] Kreuzung	Bad Freienwalde	
14 / 3	158	Schiffmühle	Bad Freienwalde	
15 / 3	158	Bad Freienwalde	2x li. [167] Frankfurt/O.	
16 / 10	167	Wriezen	Frankfurt/O.	
17 / 1,5	167	Wriezen	Prötzel Strausberg	
18 / 13		Prötzel	Müncheberg	Hotel Wilhelmshöhe, Lindenstraße 10, Buckow, Tel. 03 34 33/2 46
19 / 20		Müncheberg	[5] Frankfurt/O.	
20 / 1	5	Müncheberg	Frankfurt/O.	

imposant, weil die riesigen Gegengewichte des Schiffsaufzugs frei zu sehen sind: 800 Tonnen werden hier bewegt! 236 Stahltrossen halten die Gegengewichte und den Trog, der 88 Meter lang und 16 Meter breit ist. Trotz der beeindruckenden Dimensionen ist das Schiffshebewerk für die modernen Schubverbände zu klein geworden, in absehbarer Zeit soll ein neuer Aufzug für Schiffe in der Nähe gebaut werden. Rund 400 000 Besucher kommen jedes Jahr, um das technische Denkmal in Niederfinow zu besichtigen, und lassen Geld in der strukturschwachen Region nahe der Oder. Daß auch Motorradfahrer für den Parkplatz zahlen müssen, ist zu verschmerzen. Rund um das Schiffshebewerk gibt es zahlreiche Buden mit Souvenirs, ein örtliches Touristenbüro und die Möglichkeit für eine Mittags- oder Kaffeepause. Nach den Treppenstufen hinauf zur oberen Plattform, von wo aus sich ein toller Rundblick über den Oderbruch bietet, hat man sich den Kaffee sowieso verdient.

Zurück zur Landstraße – und dann hinein in den Oderbruch, eine Landschaft, die unter Friedrich dem Großen, genannt der Alte Fritz, erst bewohnbar gemacht wurde. Planmäßig sind die Siedlungen in dieser Tiefebene entstanden. Bei Schiffsmühle „erklimmt" – Süddeutsche mögen den Ausdruck angesichts der Hügel verzeihen – die Straße noch einmal den Geestrücken, von wo aus sie in einer schönen Kehre hinunter über die Alte Oder nach Bad Freien-

Das Schiffshebewerk von Niederfinow ist ein technisches Denkmal ersten Ranges. Die Stahlkonstruktion aus dem Jahr 1934 verbindet Berlin mit der Oder und bildet so einen Schiffahrtsweg von der Hauptstadt bis zur Ostsee.

walde führt. Bis Wriezen verläuft die B167 am Rand des Oderbruchs, dann geht's rechts ab in Richtung Naturpark Märkische Schweiz. Wie platt die Mark Brandenburg ist, beweist zunächst die Landstraße nach Prötzel, dann die Route nach Müncheberg. Dreizehn Kilometer keine Kurve, dafür viel Heidelandschaft. Als „Streusandbüchse des Heiligen Römischen Reiches" ist Brandenburg verspottet worden. Ein kleiner Abstecher nach Buckow führt ins Herz der waldreichen Märkischen Schweiz. Hier hatte der Dramatiker und Dichter Bertolt Brecht sein Ferienhaus („Buckower Elegien"), das heute als Museum dient. Schweiz heißt die Gegend wie so viele andere Schweizen auch, weil sie hügelig und idyllisch ist. Von der Bollersdorfer Höhe hat man einen guten Rundblick

über den Schermützelsee. Wer auf kleine Straßen steht, kann übrigens vom Schiffshebewerk Niederfinow aus auch über Hohenfinow und Dannenberg nach Prötzel fahren.

In Müncheberg steht die B5 Richtung Frankfurt/Oder auf dem Programm. Viel Schwerlastverkehr in Richtung Polen fährt hier, die Überholmanöver einiger Autofahrer erklären, warum Brandenburg die schlimmste Unfallstatistik aller Bundesländer hat. Ab Petershagen wird es ruhiger, es folgen lauter seltsame Ortsnamen: Müllrose ist der erste, und nicht weit von Grunow entfernt liegt der Forst Siehdichum. Die Allee von Müllrose bis Weichensdorf ist landschaftlich wirklich schön, doch der holperige Straßenbelag rüttelt am Lenker. In Grunow lohnt ein Abste-

Nr. km	Road	Position	Richtung	Information
21 / 19	5	Petershagen	Müllrose	
22 / 10		Kreuzung A 12	Müllrose	
23 / 10		Müllrose	87 Beeskow, Lübben	
24 / 0,8	87	Müllrose	Beeskow, Lübben	
25 / 0,6	87	Müllrose	Grunow	
26 / 10		Grunow Kreuzung 246	Weichensdorf	A links auf die 246 6 km: Restaurant Bremsdorfer Mühle ✕
27 / 9		Weichensdorf	Friedland	
28 / 7		Friedland	Beeskow	
29 / 0,1		Friedland	168 Lieberose Cottbus	
30 / 14	168	Lieberose	320 Cottbus Lübben	
31 / 1,5	168 320	Lieberose	Lübben	
32 / 5	320	Lamsfeld	Lübben	
33 / 28	320	Lübben	87 Frankfurt/O.	Spreewaldhotel Stephanshof, Lehnigksbergerweg 1, Lübben, Tel. 0 35 46-2 72 10
34 / 2	87	Abzw. nach Schlepzig	Neu Lübbenau	
35 / 9		Schlepzig	Neu Lübbenau	
36 / 0,4		Schlepzig	Neu Lübbenau	
37 / 5		Neu Lübbenau	179 Königs Wusterhausen	
38 / 1	179	Neu Lübbenau	Königs Wusterhausen	
39 / 11	179	Märkisch Buchholz	Königs Wusterhausen	V Abkürzung: nach links Teupitz, A 13
40 / 17	179	246 Kreuzung	Königs Wusterhausen	

cher auf der B246 in Richtung Eisenhüttenstadt bis zur Bremsdorfer Mühle, wo es sich gut essen läßt. Das Schlaubetal, in dem die Bremsdorfer Mühle liegt, steht unter Naturschutz und zählt zu den schönsten Bachläufen Brandenburgs.

Die Bundesstraße von Friedland nach Lieberose und von dort weiter in Richtung Spreewald läßt sich flott fahren. Geringer Verkehr sorgt für Fahrspaß.

Im Naturpark Märkische Schweiz liegen mehrere Seen idyllisch im Wald. Der bekannteste ist der Schermützelsee bei Buckow.

Der von Kanälen durchzogene Spreewald ist als Biosphärenreservat ausgewiesen. Von der Straße erschließt
sich der Reiz der Region kaum, viel
intensiver ist das Erleben vom Boot
aus. Wer genug Zeit hat, sollte eine
Kahnfahrt durch den Spreewald
machen. Als Ausgangspunkt bietet
sich Lübben oder das benachbarte
Lübbenau an. Die Touren dauern zwi-

Nr. km	Road	Position	Richtung	Information
41 / 4	179	Zeesen	Königs Wusterhausen	
42 / 4	179	Königs Wusterhausen	Berliner Ring	
43 / 2,5	179	Königs Wusterhausen	Berliner Ring	
44 / 1	179	A 12 Kreuzung Berliner Ring		

schen eineinhalb Stunden und einem ganzen
Tag, dann natürlich mit Verpflegung. Die meisten Restaurants haben einen Bootsanleger;
Theodor Fontane bezeichnete das Örtchen
Lehde gar als „Lagunenstadt" und verglich es
mit Venedig. Im Sommer steuern die Fähr-
leute, die ihre Kähne durch die Fließe
genannten Kanäle staaken, gern die Garten-
restaurants mit ihren großen Bier- und Kaf-
feegärten an. Sollte die Fahrtüchtigkeit bei
solch einem Besuch leiden, so kann man im

Spreewaldhotel Stephanshof in Lübben
Quartier nehmen. Zurück nach Berlin ist es
ansonsten auch nicht mehr weit. Eilige nehmen die A13 ab der Auffahrt Freiwalde; wer
die Autobahn meiden will, fährt durch den
Unteren Spreewald über Schlepzig nach
Neu-Lübbenau zur B179, die direkt nach
Königs Wusterhausen führt. Dort bieten sich
zwei Alternativen: entweder über den Berliner Ring oder geradeaus über Alt-Glienicke
ins Zentrum von Berlin.

WEITERFÜHRENDE INFORMATIONEN

 Günstige Übernachtung

Hotel-Pension Funk
Fasanenstraße 69
Berlin
Tel. 0 30/8 82 71 93

Am Schiffshebewerk
Hebewerkstraße 43
Niederfinow
Tel. 03 33 62/2 09

Hotel Wilhelmshöhe
Lindenstraße 10
Buckow
Tel. 03 34 33/2 46

Spreewaldhotel Stephanshof
Lehnigksbergerweg 1
Lübben
Tel. 0 35 46/2 72 10

 Auskunft

Tourismusverband Land Brandenburg
Schlaatzweg 1
14473 Potsdam
Tel. 03 31/2 75 28-0
Fax 03 31/2 75 28-10

Fremdenverkehrsverband Uckermark
Schinkelstraße 32
17268 Templin
Tel. 0 39 87/5 21 15
Fax 0 39 87/25 49

Fremdenverkehrsamt Märkische Schweiz
Wriezener Straße 1a
15377 Buckow
Tel. 03 34 33/8 59 81
Fax 03 34 33/6 59 20

AUF ALLEEN AN DIE OSTSEE:
VON ORANIENBURG NACH BINZ AUF RÜGEN

 Ausgangsort
Abfahrt Kremmen der A24

 Zielort
Binz/Rügen

 Gesamttourenlänge
330 km

 Zeitbedarf
1–2 Tage

 Anschluß
Zubringer-Anschlüsse bestehen von den Touren 1 bis 3, außerdem in Demmin an Tour 5 nach Usedom

 Sehenswertes
Oranienburg: Gedenkstätte KZ Sachsenhausen; Neuruppin: Klosterkirche; Rheinsberg: Schloß; Stralsund: Rathaus, Nikolaikirche, Altstadt; Putbus: Schloßpark; Binz: Jagdschloß Granitz

Kurzbeschreibung
Auf der vollen Länge führt diese Tour vom Rand der Hauptstadt über die Deutsche Alleenstraße nach Rügen. Landschaftlich abwechslungsreich verläuft die Tour durch die Mecklenburgische Seenplatte. Es werden viele Nebenstraßen genutzt, die keine hohe Durchschnittsgeschwindigkeit zulassen.

Die Hansestadt Stralsund wird überragt von den beiden ungleichen Türmen der Nikolaikirche.

„Gefährliche Straßenbäume müssen weg", forderten die Automobilclubs in den Sechzigern und Siebzigern im Westen. Alter Baumbestand wurde im Zeichen des Fortschritts abgeholzt, ganze Alleen verschwanden. In der DDR hingegen gab es weit weniger Autos, entsprechend weniger wurde in den Straßenbau investiert. Besonders deutlich wird dies in den ländlichen Bereichen von Mecklenburg-Vorpommern und Brandenburg. Was lange als rückständig galt, entpuppt sich heute als Gewinn für das Landschaftsbild und damit für den Tourismus: Zahlreiche schöne Alleen blieben erhal-

ten. Die baumfällenden Automobilclubs von einst haben deshalb jetzt
mitgeholfen, die Deutsche Alleenstraße als touristische Straße auszu-
weisen. Unsere Route verläuft in
voller Länge auf der Alleenstraße,
auch wenn die kleinen Hinweisschilder nicht überall sichtbar sind.
Der Toureinstieg ist am einfachsten
bei der Abfahrt Kremmen an der A24.
Berliner können natürlich auch auf
den Bundesstraßen 96 und 273 über
das nahe Oranienburg anreisen. Wer
aus Richtung Hamburg auf der A24
kommt, könnte etwas später bei der
Abfahrt Fehrbellin dazustoßen, denn
das anfängliche Teilstück verläuft
parallel zur Autobahn. Bei Hakenberg
findet sich das erste Hinweisschild
auf eine Sehenswürdigkeit: Auf dem
45 Meter hohen Hügel steht ein
Denkmal für die Schlacht bei Fehrbellin von 1675, als hier Branden-
burger gegen Schweden kämpften.
Hinter Fehrbellin kommt die Ortschaft Dammkrug, die nur aus wenigen Häusern besteht. Vorsicht bitte,
das glücklicherweise kurze Stück
Kopfsteinpflaster befindet sich in
einem üblen Zustand! Der kurze
Schwenk der Straße nach links und
gleich wieder nach rechts ist mager
beschildert, aber kaum zu verfehlen.
Neuruppin ist die Geburtsstadt des
Dichters Theodor Fontane, der mit
seinen „Wanderungen durch die
Mark Brandenburg" seinem Heimat-
land ein literarisches Denkmal setzte.

Aus Neuruppin stammt auch Karl Friedrich
Schinkel, der berühmte Baumeister des
frühen 19. Jahrhunderts. Das Berliner Schau-

spielhaus und Schloß Charlottenhof in Sanssouci sind besonders schöne Beispiele für
seinen klassizistischen Stil. Neuruppin liegt

31

nett am langgezogenen Neuruppiner See. Im Ortsteil Altruppin biegt die Alleenstraße links ab und nervt bis zum Ortsausgang mit schlecht

Vor dem Meeresmuseum in Stralsund liegt ein ausgedienter Fischkutter mitten in der Altstadt.

ROADBOOK: Motorradtouren in Norddeutschland

Tour 04	Region: Mecklenburgische Seenplatte, Ostsee Etappe: Berlin – Rügen		Karte: Generalkarte Deutschland, Bl. Nr. 27, 29, 31, 33

Nr. / km	Road	Position	Richtung	Information
1	A24	Abf. Kremmen	273 Kremmen	
2 / 4	273	Kremmen-Orion	Neuruppin Linum ←	
3 / 17		Kreuzung A 24	↑ Fehrbellin	
4 / 2,5		Fehrbellin	Neuruppin	
5 / 3		Dammkrug	Neuruppin →	Achtung: übles Kopfsteinpflaster!
6 / 0,2		Dammkrug	Neuruppin	
7 / 9		Neuruppin	Rheinsberg ←	
8 / 1,5		Neuruppin	167 Rheinsberg	
9 / 6	167	Alt-Ruppin	Rheinsberg ←	
10 / 0,6		Alt-Ruppin	2x re. Rheinsberg	Achtung: übles Kopfsteinpflaster!
11 / 13		Dierberg	Rheinsberg ←	Fischbude bei Zippelsförde
12 / 10		Rheinsberg	Neustrelitz	Schloß Rheinsberg Hotel Seeblick, Weinbergsring 16, Zechlin, Tel. 03 39 23/7 02 48
13 / 7		Zechlinerhütte	↑ Neustrelitz	
14 / 12		Wustrow	Wesenberg	
15 / 7		Wesenberg	198 Röbel Mirow ←	
16 / 27	198	Abzw. Röbel	Röbel	
17 / 5		Röbel Ortseingang	Röbel Zentrum	Bootstouren auf der Müritz Hotel Seestern, Müritzpromenade 12, Röbel, Tel. 03 99 31/5 92 94
18 / 3		Röbel Ortsausgang	↑ Waren	
19 / 7		Sietow	192 Malchow ←	
20 / 7	192	Abzw. Malchow	Malchow	

geflicktem Kopfsteinpflaster. Die Landschaft ändert sich nun schnell, auf das flache, feuchte Tiefland folgt eine leicht hügelige, bewaldete Heide. Die Mecklenburger Seenplatte – noch sind wir in Brandenburg – kündigt sich mit ersten kleinen Seen an. Bei Dierberg taucht die erste Fischbude am Straßenrand auf: Leckerer, frisch gefangener Fisch aus den örtlichen Gewässern wird hier gut und günstig angeboten.

Das nächste Ziel ist Rheinsberg, bekannt durch seine barocke Schloßanlage mit dem Schloßpark, der Ende des 18. Jahrhunderts in einen englischen Landschaftspark umge-

Nr./km	Road	Position	Richtung	Information
21 / 2		Malchow	Fernverkehr	Seeufer Sporthotel, Friedensstraße 56 b, Malchow, Tel. 039932/890
22 / 1		Malchow	Waren	
23 / 5		Abzw. Waren	Malchin, Teterow	
24 / 21		108 Kreuzung	Waren	
25 / 0,1	108	Abzw. Malchin	Malchin	
26 / 18		Malchin	Zentrum	
27 / 1		Malchin	104 Neubrandenburg	
28 / 1,5	104	Abzw. Kummerow	Kummerow	
29 / 6		Kummerow	Grammentin	
30 / 1		Abzw. Grammentin	Grammentin	
31 / 6		194 Kreuzung	Demmin	
32 / 17	194	Demmin	Stralsund	
33 / 1	194	Demmin	Stralsund	
34 / 55	194	Stralsund	105 Saßnitz Greifswald	Histor. Altstadt, Rathaus
35 / 1	105	Stralsund	Saßnitz Greifswald	Norddeutscher Hof, Neuer Markt 22, Stralsund, Tel. 0 38 31/29 31 61
36 / 1	105	Stralsund	96 Saßnitz	
37 / 4	96	Dammende	Putbus	
38 / 12		hinter Poseritz	Garz Putbus	
39 / 4		vor Garz	Garz	
40 / 1		Garz	Putbus	Achtung: sehr schlechte Ortsdurchfahrt!

wandelt wurde. Wer hier auf den Spuren von Kronprinz Friedrich oder Prinz Heinrich lustwandeln möchte, schafft die Strecke nach Rügen allerdings nicht an einem Tag oder muß anschließend gegen die Uhr fahren. Der Schriftsteller Kurt Tucholsky veröffentlichte 1912 die Erzählung „Rheinsberg – Ein Bilderbuch für Verliebte", übrigens auch heute noch als nette Reiselektüre zur Einstimmung zu empfehlen. Klar, daß die Rheinsberger ihrem Tucholsky im Schloß eine eigene Ausstellung widmen.

Die Straße nach Wesenberg ist einfach schön: Immer wieder blitzen Seen durch die Bäume, kleine Gaststätten mit Biergärten und Cafés laden bei Zechlinerhütte zum Verweilen ein. Bei Wesenberg geht es dann auf die Bundesstraße Richtung Mirow und Röbel an die Müritz, den größten See der Mecklenburgischen Seenplatte. Das Ostufer steht als Nationalpark unter Naturschutz; von Röbel aus kann man aber Bootstouren nach Waren unternehmen. In Röbel ist es übrigens egal, ob man am Ortseingang rechts in das Dorf fährt oder linksherum die Umgehung nimmt, denn beide Straßen treffen sich am Ortsausgang wieder.

Schwieriger ist da schon die Ortsdurchfahrt von Malchow am Fleesensee. Im Herbst 1998 wurde hier so kräftig gebaggert und gebaut, daß ich mich auf der Suche nach der richtigen Straße dreimal verfahren habe. Es wird eine nördliche Umgehungsstraße gebaut, die hoffentlich zur Saison 1999 fertig ist. Das Roadbook

An den zahlreichen idyllisch gelegenen Seen bei Zechlinerhütte läßt sich eine nette Pause einlegen.

hilft in Malchow leider nicht weiter. Irritierend war im Herbst 1998 vor allem, daß sowohl die Bundesstraße 192 als auch die Nebenstrecke Richtung Teterow alle beide nur nach Waren ausgeschildert sind. Wer die Straße durch die Nossentiner-Schwinzer-Heide partout nicht findet, kann problemlos über Waren auf der B192 und B108 in Richtung Teterow fahren. Ansonsten liegt Malchow wirklich idyllisch am See und ist mit seinen Gaststätten eine gute Wahl für einen Mittagsstop.

Im 40 Kilometer entfernten Malchin ist die Verkehrssituation ähnlich, auch hier wird eine Ortsumgehung gebaut, jedoch ließ sich der Weg trotz Baustelle problemlos finden. 1999 dürfte die Verkehrsführung geändert sein. Wer zunächst der Ausschilderung nach Neubrandenburg auf der B104 folgt, kommt am Ortsausgang automatisch zum Abzweig der Deutschen Alleenstraße nach links Richtung Kummerow. Sobald diese Nebenstraße auf die B194 trifft, läuft es richtig flott. Bis Stralsund kann man am Gas drehen, nur unterbrochen von der Ortsdurchfahrt in der einstigen Hansestadt Demmin. Hier besteht Anschluß an die Tour von Hamburg nach Usedom.

Stralsund gehörte zu den wichtigen Hansestädten an der Ostsee, doch statt wie in Lübeck, Wismar und Rostock alle historischen Gebäude als wichtiges Kulturerbe zu begreifen, hat man in Stralsund nur sehr punktuell saniert. Nach der Wende wurden Fördermittel lieber in Gewerbegebiete am Stadtrand als in die Altstadt gesteckt. Die Folge: Es gibt nur einige wenige Highlights zwischen vielen maroden Wohnhäusern. Absolut sehenswert sind das Rathaus und die Nikolaikirche, natürlich auch die Reste der Stadtmauer mit den Stadttoren. Die Verkehrssituation am Rügendamm ist im Sommer gelegentlich schwierig. Lange Staus sind an Wochenenden zur Hauptreisezeit der Normalzustand. Wer nach Rügen will, sollte sich die verstopften Straßen nur antun, wenn er oder sie auch eine oder zwei Nächte auf der Insel verbringen möchte.

Deutschlands größte Insel hat bei mir zwiespältige Eindrücke hinterlassen. Einerseits verlief die Alleenstraße (sie biegt hinter dem Damm rechts von der Bundesstraße ab) land-

Nr. km	Road	Position	Richtung	Information
41 9		Putbus	↱ Göhren	
42 0,1		Putbus	↑ Göhren	Achtung: sehr schlechte Ortsdurchfahrt!
43 0,3		Putbus	↱ Göhren Binz	
44 8		**196** Kreuzung	↰ Binz	
45 1	196	Abzw. Binz	↱ Binz	
46 4		Binz		Pension Landhaus Waechter, Rabenstr 5, Binz Tel. 03 83 93/37 10

den Ortsdurchfahrten von Garz und Putbus katastrophal. So schlimm wie diese beiden Ortsdurchfahrten war es bei den Reisen für dieses Buch nirgendwo sonst in Deutschland. Ich kann verstehen, daß eine Gemeinde in abgelegenen Gebieten ohne Industrie, ohne Arbeitsplätze kein Geld für neue Straßen hat. Auf Rügen aber wird am Tourismus verdient. Wer also keine Enduro fährt, sollte vielleicht doch besser die B96 nach Bergen nehmen und so auf rüttelfreie Weise nach Binz gelangen. Daß Rügen schön ist, daran gibt es keinen Zweifel – aber man muß das Reiseziel auch erreichen können.

schaftlich sehr schön durch Wiesen und Felder. Andererseits ist der Straßenzustand in

WEITERFÜHRENDE INFORMATIONEN

 Günstige Übernachtung

Hotel Seeblick
Weinbergsring 16
Zechlin
Tel. 03 39 23/7 02 48

Hotel Seestern
Müritzpromenade 12
Röbel
Tel. 03 99 31/5 92 94

Sporthotel
Friedensstraße 56 b
Malchow
Tel. 03 99 32/8 90

Norddeutscher Hof
Neuer Markt 22
Stralsund
Tel. 0 38 31/29 31 61

Pension Landhaus Waechter
Rabenstraße 5
Binz
Tel. 03 83 93/37 10

 Auskunft

Tourismusverband Land Brandenburg
Schlaatzweg 1
14473 Potsdam
Tel. 03 31/2 75 28-0
Fax 03 31/2 75 28-10

Tourismusverband Mecklenburg-Vorpommern
Platz der Freundschaft 1
18059 Rostock
Tel. 03 81/44 84 26
Fax 03 81/44 84 23

Fremdenverkehrsverband
Mecklenburgische Seenplatte
Marktplatz 10
17207 Röbel
Tel. 03 99 31/5 13 81
Fax 03 99 31/5 13 86

Tourismusverband Rügen
Am Markt 4
18528 Bergen
Tel. 0 38 38/8 07 70
Fax 0 38 38/25 44 40

DURCH DIE MECKLENBURGISCHE SEENPLATTE ZUR BADWANNE BERLINS: VON HAMBURG NACH USEDOM

 Ausgangsort
Hamburg-Bergedorf

 Zielort
Bansin, Insel Usedom

 Gesamttourenlänge
370 km

 Zeitbedarf
1–2 Tage

 Anschluß
Anschluß besteht von Tour 8 aus Richtung Hannover und Celle bei Mölln, außerdem in Demmin an Tour 4 von Berlin aus oder nach Rügen

 Sehenswertes
Friedrichsruh: Jagdschloß mit Bismarck-Mausoleum; Mölln: Eulenspiegel-Museum; Ratzeburg: Dom; Schwerin: Schloß, Dom; Dargun: Schloßruine; Karnin/Usedom: Eisenbahnhubbrücke; Ahlbeck: Seebrücke

 Kurzbeschreibung
Die rund 370 Kilometer von Hamburg nach Usedom sind ein langer Ritt, der ohne Pausen mit mindestens fünf bis sechs Stunden reiner Fahrzeit zu veranschlagen ist. Wer lieber bummeln will, sollte einen Tag mehr einplanen. Die Straßen sind überwiegend eben, die Landschaft abwechslungsreich und meist leicht hügelig.

Schon beim Hinausfahren aus Hamburg zeigt sich, welche Landschaftsformen auf dieser Tour auf uns warten: Von der Eiszeit aufgeschobene Moränen sorgen für leichte Steigungen und kleine Hügel – eine abwechslungsreiche Fahrt steht uns bevor. Über die Dörfer geht es vorbei an Bismarcks letzter Ruhestätte bei Friedrichsruh. Wen es interessiert: Im benachbarten Garten der Schmetterlinge flattern Hunderte der bunten Falter. Übrigens ist es in dem Glashaus angenehm warm, was nicht nur Schmetterlinge, sondern auch Motorradfahrer ab und zu schätzen.

In Mölln kreuzt diese Tour die Route entlang der Alten Salzstraße von Celle nach Lübeck. Statt über die B207 geht es „hintenrum" nach Ratzeburg, dadurch erspart man sich die enge Ortsdurchfahrt. Wer jedoch den Motorradtreff an der Eisdiele am Ratzeburger See besuchen will, muß mitten durch die Stadt. Die B208 läuft bis Gadebusch ebenso flüssig wie die anschließende B104, während Schwerin vor allem im Feierabendverkehr ein Nadelöhr ist. Einst war die heutige Landeshauptstadt die Residenzstadt der mecklenburgischen Großherzöge. Davon zeugt das Schloß, jetzt Sitz des Landtages, das von Wasser umgeben auf der Schloßinsel im Burgsee liegt. Zur einen Seite führt eine Brücke zum Schloßgarten, zur anderen Seite in die schmucke Innenstadt.

Wir nähern uns über Sternberg und Dobbertin auf gut ausgebauten Bundesstraßen der mecklenburgischen Seenplatte. Sehr klein ist die folgende Nebenstraße, die hinter Dobbertin in Richtung Krakow am See durch den Naturpark Nossentiner-Schwinzer-Heide führt. Nachdem wir die Autobahn

ROADBOOK: Motorradtouren in Norddeutschland

Tour 05	Region: Mecklenburgische Seenplatte, Ostsee Etappe: Hamburg – Usedom			Karte: Generalkarte Deutschland, Bl. Nr. 2, 27, 28, 29
Nr./km	**Road**	**Position**	**Richtung**	**Information**
1 / 5	5	Hamburg-Bergedorf	**207** Lübeck, Mölln, Wentorf	
2 / 7	207	Kröppelshagen	Aumühle, Friedrichsruh	
3 / 4		Aumühle	Friedrichsruh, Trittau	Bismarck-Museum Friedrichsruh
4 / 7		Kuddewörde	Hamfelde	
5 / 5		Hamfelde	Mölln	
6 / 3		Mühlenrade	Ratzeburg, Nusse	
7 / 5		Koberg	Mölln, Breitenfelde	
8 / 8		Breitenfelde	**207** Lübeck, Mölln	
9 / 3	207	Abfahrt Mölln-Süd	Mölln	
10 / 1		Mölln	Innenstadt	Achtung! Abknickender Vorfahrtsstraße folgen! Eulenspiegel-Museum, histor. Altstadt
11 / 2		Mölln Brücke	Sterley	
12 / 0,5		Mölln Ortsausgang	Ratzeburg Salem	
13 / 10		Ratzeburg	**208** Schwerin Mustin	links nach Ratzeburg Innenstadt, Eiscafé am See Klempau's Gasthof, Lübecker Str. 5–7 Krummesse, Tel. 0 45 08/2 64
14 / 21	208	**104** Kreuzung vor Gadebusch	**104** Schwerin	
15 / 23	104	Schwerin	Güstrow	Schloß
16 / 2	104	Schwerin	Güstrow	Christinenhof, Cambser Seeweg 5, Cambs, Tel. 0 38 66/6 60
17 / 34	104	Sternberg	**192** Neubrandenburg	
18 / 23	192	1 km hinter Dobbertin	Krakow am See	
19 / 11		**103** Kreuzung	**103** Güstrow	
20 / 6	103	1 km hinter Krakow am See	Teterow	

Rostock–Berlin gekreuzt haben, geht es über Langenhagen nach Teterow. Das Darguner Schloß brannte in den letzten Tagen des Zweiten Weltkriegs aus, verfiel zu Zeiten der DDR und wird nun wieder teilrestauriert. Es ist – auch als Ruine – eine imposante Anlage.

Langsam wird die Gegend wieder flacher, es ist nicht mehr weit bis Demmin an der Peene. Über Jarmen bis Anklam kommt man zügig voran, wenn nicht zu viele Lastwagen unterwegs sind oder Rübenlaster einem das Leben schwer machen. Vorsicht vor allem zur Erntezeit! Wer übrigens lieber von Jarmen über Gützkow nach Usedom fahren möchte, sollte vorher den Verkehrsfunk abhören. Wolgast hat zwar eine neue Brücke über den Peenestrom bekommen, doch noch immer behindern Bauarbeiten den Verkehr. Nun wird intensiv über einen festen Bahnanschluß der Insel nachgedacht – wenn er wirklich kommt,

wird Wolgast auf Jahre eine Baustelle bleiben.

Kurz jenseits der Brücke, die hinter Anklam hinüber nach Usedom führt, zweigt eine Stichstraße nach Karnin ab. Dort befindet sich eine zweispurige Eisenbahn-Hubbrücke, in den dreißiger Jahren technische Spitze, heute nur noch ein technisches Denkmal. Im Zweiten Weltkrieg wurden die Anschlüsse zerstört und danach nie wiederhergestellt. Angeblich soll die Brücke noch funktionstüchtig sein, doch für die Bahn kommt ein Neubau bei Wolgast offensichtlich billiger. Und so ragt dieser Koloß einsam und unwirklich aus dem Peenestrom.

Etwa acht Kilometer hinter der Stadt Usedom, einer verschlafenen Kleinstadt, biegt links die Straße nach Bansin und Ückeritz ab. Wer auf der B110 nach Ahlbeck bleibt, kann bei Korswandt sogar noch eine kurze kurvenreiche Passage genießen. Doch so viele Straßen gibt es ohnehin nicht auf der Insel, als daß man sie nicht alle an einem Wochenende fahren könnte – vorausgesetzt, die Verkehrslage läßt es zu. Wie in allen beliebten

Die Landeshauptstadt Schwerin hat ihre Baudenkmäler fein herausgeputzt. Pferd und Reiter befinden sich am Schloß.

39

Das Schweriner Schloß war einst Sitz
der Herzöge von Mecklenburg, heute
beherbergt es den Landtag.

Nr./km	Road	Position	Richtung	Information
21 / 27		Teterow	104 Neubrandenburg, Malchin	
22 / 10	104	hinter Remplin	Dargun, Neukalen	
23 / 1		Abzw. Dargun	Dargun, Neukalen	
24 / 17		Dargun	110 Demmin	Schloßruine
25 / 13	110	Demmin	Anklam, Jarmen	
26 / 0,5	110	Demmin	Anklam, Jarmen	
27 / 21	110	Jarmen	96 Anklam	
28 / 0,7	96 110	Jarmen	Anklam, Usedom	
29 / 24	110	Anklam	Usedom	
30 / 3	110	109 110 Dreieck	Usedom	
31 / 4	110	Murchin	Usedom	A nach 9km rechts nach Karnin, Eisenbahn-Hubbrücke
32 / 14	110	Usedom (Stadt)	Ahlbeck, Heringsdorf	Torturm
33 / 8	110	Abzw. Bansin	Bansin	V 110 geradeaus nach Ahlbeck, Seebrücke Ahlbeck
34 / 4		Neppermin	Bansin, Ückeritz	
35 / 5		111 Kreuzung	Bansin	
36 / 4	111	Bansin	Strand	Haus Anneliese, Hauptstraße 23, Ückeritz, Tel. 03 83 75/20 91 0 — Haus Nixe, Waldstraße 2, Kölpinsee, Tel. 03 83 75/20 17 7
37 / 1,5		Bansin-Strandpromenade		

den hatten ein Auge auf die schmucke Ostsee-Insel geworfen. Unter den Nationalsozialisten entstand in Peenemünde das Raketen-Forschungszentrum unter der Leitung von Wernher von Braun, der seinerzeit die V2-Rakten entwickelte; nach dem Krieg wurde er von den Amerikanern verpflichtet. In den USA war er maßgeblich am Apollo-Programm der NASA beteiligt. In Peenemünde erinnern heute eine Gedenkstätte und ein Museum an die Zeit, als hier Luftfahrtgeschichte geschrieben wurde.

Zu DDR-Zeiten war Usedom ebenfalls beliebt, Gewerkschaft und Partei schickten verdiente Mitglieder hierher zum Urlaub, nicht nur in den „Roten Oktober" in Zinnowitz. Und nun rüstet sich die Insel für den nächsten zu erwartenden Politiker-Besucherstrom nach dem Wechsel von Parlament und Regierung von Bonn nach Berlin... Auch wenn in Balm ein Luxushotel mit einem Golfplatz entstand – Usedom ist bodenständig geblieben. Wer in den Lieper Winkel fährt, findet Dörfer vor, in denen die Zeit stehengeblieben ist. „Da wird der Mond noch mit der Stange weitergeschoben", meinen selbst die Einheimischen in den Badeorten an der Küste.

Sie wetteiferten nach der Wiedervereinigung um die Gunst der Gäste. Dazu benötigt man offensichtlich eine Seebrücke. Die historische Seebrücke von Ahlbeck, eines der beliebtesten Fotomotive der Insel, mußte übertrumpft werden. Im Nachbarort Heringsdorf entstand die längste Seebrücke,

Ostseebädern kommt es auf den Zufahrtsstraßen nach Usedom im Sommer an Wochenenden zu Staus. Mit dem Motorrad kommt man da besser durch als im Auto. Usedom genoß bereits zur Kaiserzeit den Ruf, Berlins Badewanne zu sein. Alle Herrschen-

Gleich zu Beginn der Tour führt die Route auf kleinen Straßen durch einen der schönsten Teile Schleswig-Holsteins: das ehemalige Herzogtum Lauenburg.

an deren Spitze eine Glaspyramide thront. Bansin, Koserow und Zinnowitz mochten da nicht zurückstehen. Typisch für die Insel ist die vielerorts gut erhaltene und frisch restaurierte Bäderarchitektur mit ihren weißen Villen. Und wer vom Strandleben die Nase voll hat, kann sich immer noch an das ruhige und buchtenreiche Achterwasser zurückziehen. Von den Übernachtunsgmöglichkeiten her ist Usedom preislich auf dem Teppich geblieben. Klar, das Hotelzimmer mit Seeblick ist nie billig, doch Ferienwohnungen wie im Haus Anneliese in Ückeritz oder Pensionen wie das Haus Nixe im Wald bei Kölpinsee haben erfreulich normale Preise.

WEITERFÜHRENDE INFORMATIONEN

 Günstige Übernachtung

Klempau's Gasthof
Lübecker Straße 5-7
Krummesse
Tel. 0 45 08/2 64

Christinenhof
Cambser Seeweg 5
Cambs
Tel. 0 38 66/6 60

Haus Anneliese
Hauptstraße 23
Ückeritz
Tel. 03 83 75/2 09 10

Haus Nixe
Waldstraße 2
Kölpinsee
Tel. 03 83 75/2 01 77

 Auskunft

Tourismusverband Mecklenburg-Vorpommern
Platz der Freundschaft 1
18059 Rostock
Tel. 03 81/44 84 26
Fax 03 81/44 84 23

Fremdenverkehrsverband Mecklenburgische Seenplatte
Marktplatz 10
17207 Röbel
Tel. 03 99 31/5 13 81
Fax 03 99 31/5 13 86

DIE GROSSE SAUERLAND-RUNDE: VON BONN BIS ISERLOHN

 Ausgangsort
Hennef bei Bonn

 Zielort
Iserlohn-Letmathe

 Gesamttourenlänge
370 km

 Zeitbedarf
1–2 Tage

 Anschluß
Tour 14 von Hamburg nach Kassel in
Arolsen, in Kassel Anschluß an Tour 7 von Kassel
nach Celle, in Hess. Lichtenau östl. von Kassel
Anschluß an Tour 18 von Hildesheim nach Fulda

 Sehenswertes
Panoramapark Sauerland; Rhein-Weser-
Turm; Bad Berleburg: Schloß; Winterberg: Kahler
Asten; Brilon: Altstadt; Warstein: Bilstein-Höhlen;
Altena: Burg

 **Kurzbeschreibung**
Die wohl kurvenreichste Tour dieses
Buches ist auch die längste. Die Strecke verläuft
teilweise auf nicht sehr stark befahrenen Bundesstraßen, teils auf gut ausgebauten Landstraßen.
Kleinere Serpentinen kommen ebenso vor wie
Spitzkehren, doch meist schwingt man sich durch
langgestreckte Kurven. Der Höhenunterschied zwischen dem Ausgangspunkt bei Bonn und dem Kahlen Asten beträgt knapp 800 Meter. Die Tour läßt
sich sowohl als Ost-West-Verbindung wie auch als
Rundtour fahren.

Weg vom Stau auf dem Kölner Ring, rein ins
Vergnügen: Von Bonn wie von Köln aus ist
die A560 leicht zu erreichen. Hinter der
Abfahrt Hennef-Ost, auf der die B478 schon

Viel Kurvenspaß bietet die große Sauerland-Runde, die überwiegend auf Nebenstraßen zunächst fast bis nach Kassel führt, um dann nach Westen in Richtung Iserlohn und Dortmund einzuschwenken.

ROADBOOK: Motorradtouren in Norddeutschland

Tour 06	Region: Sauerland Etappe: Korbach (Kassel) – Iserlohn (Dortmund)		Karte: Generalkarte Deutschland, Bl. Nr. 8, 10

Nr./km	Road	Position	Richtung	Information
1	A 560	Hennef-Ost	[478] Waldbröl ←	
2 / 29	478	Waldbröl	[256] Gummersbach ←	
3 / 3	256	Ortseingang Hermesdorf	→ Biebelshof Morsbach	
4 / 1		Abzweig Olpe	↑ Olpe	
5 / 3		Abzw. Gummersbach	↑ Rothemühle	
6 / 8		Wildbergerhütte	→ Friesenhagen Wildberg	
7 / 6		Abzw. Wildenburg	→ Friesenhagen Morsbach	
8 / 2		Wildenburger Hof	← Betzdorf, Siegen Friesenhagen	
9 / 10		Freudenberg	← Olpe A4	
10 / 2		Freudenberg	→ Siegen A4	
11 / 1	11	Hauptstraße Richtung Siegen	← Kreuztal	Achtung! Rechtzeitig links einordnen!
12 / 3		Oberholzklau	← Kreuztal	
13 / 1		Oberholzklau	→ Kreuztal	
14 / 3,5		Junkernhees	→ Kreuztal	
15 / 2		Kreuztal	[54] Olpe, Attendorn ←	
16 / 4,5	54	Krombach	[517] Winterberg Lennestadt ←	
17 / 18	517	Kirchhundem	→ Bad Berleburg	Panoramapark Sauerland, Rhein-Weser-Turm
18 / 2,5		Würdinghausen	← Bad Berleburg	
19 / 5		Oberhundem	→ Bad Berleburg	
20 / 4		Abzw. Siegen	↑ Bad Berleburg	

ausgeschildert ist, geht es gleich gut los. Im Bröl-Tal schlängelt sich die Bundestraße in die Höhe, meist verläuft die Bröl direkt nebenan. In Neunkirchen stößt die B507 hinzu, eine Alternative für Kölner, die auf die Nutzung der Autobahn komplett verzichten möchte. Die langgezogenen Kurven fahren sich gut, im Nu ist Waldbröl erreicht. Nach einem kurzen Stück auf der B256 geht es etwa hundert Meter vor dem Ortsschild von Hermesdorf rechts ab nach Biebelsof und Morsbach. Einen Kilometer bergauf bis an die Vorfahrtstraße, dann links Richtung Olpe abbiegen – und schon eröffnet sich ein schöner Rundblick auf die umliegenden Höhenzüge. Die Landstraße verläuft kurze Zeit auf dem Kamm. Zwischen den Bäumen ergeben sich immer wieder schöne Aussichten. Man braucht die ganze Zeit nur der Vorfahrtsstraße zu folgen, einige Abzweige in Richtung Gummersbach sind deshalb im Roadbook nicht aufgeführt.

In Wildbergerhütte heißt es rechts nach Friesenhagen abbiegen. Jetzt folgen ein paar schöne, kleine Kurven, ja, fast schon ein bißchen Serpentinen-Feeling kommt auf. Hinter dem Gasthof Wildenburger Hof, der rechter Hand liegt, kommt der Abzweig nach links in Richtung Siegen etwas unvermittelt. Bis Freudenberg ist die einsame Straße ein echter Genuß, im Herbst ist allerdings Vorsicht bei nassem Laub in den Kurven geboten. In Freudenberg müssen wir der Ausschilderung zur A45 folgen, die

Der südlichste Zipfel von Nordrhein-Westfalen, das Sauerland, ist zugleich die schönste Region des Bundeslandes, das meist nur mit Pütt und Großindustrie in Verbindung gebracht wird.

Nr. km	Road	Position	Richtung	Information
21 / 13		**480** Kreuzung	**480** Bad Berleburg	
22 / 4	480	Bad Berleburg	Winterberg	Schloß / Hotel Wittgensteiner Hof, Parkstr. 14 Bad Berleburg, Tel. 0 27 51/72 02
23 / 6	480	Abzw. Züschen	Züschen Girkhausen	
24 / 8		Abzw. Winterberg	Winterberg, Neuastenberg	
25 / 3		Neuastenberg	**480** Winterberg	Kahler Asten
26 / 6	480	Winterberg	Meschede Olsberg	Gasthof Müller, Im Orketal 23 Winterberg-Elkeringhausen Tel. 0 29 81/73 57
27 / 3	480	Abzw. Korbach	Korbach Medebach	Abkürzung B480 über Olsberg nach Brilon
28 / 13		Medebach	Korbach	
29 / 15		Korbach	Paderborn Arolsen	über B252 Anschluß nach Arolsen zu Tour 14 nach Kassel
30 / 1		Korbach	Diemelsee	Pension Zur Ederquelle, Ederstraße 16, Vöhl-Herzhausen (B252), Tel. 0 56 35/3 60
31 / 0,7		Korbach	Diemelsee	
32 / 12		Diemelsee-Adorf	Diemelstausee Heringhausen	
33 / 6		Heringhausen	Brilon Bredelar	
34 / 3		Helminghausen	Brilon	
35 / 19		Messinghausen	Brilon	
36 / 7		**251** Kreuzung	**251** Paderborn Meschede	Brilon: Altstadt
37 / 3	251	**251 7** Kreuzung	**7** Paderborn	
38 / 1,5	7	Abzweig **480**	**480** Paderborn Werl	
39 / 4	480	Abzweig **480 516**	**516** Werl, Soest	
40 / 14	516	Abzw. Warstein	Warstein	

Straße wird als Autobahnzubringer vierspurig. Wer sich gleich links einordnet, verpaßt den Abzweig nach Kreuztal nicht. Er führt mit Tempo 50 über einen Buckel, der von einem staatlichen Fotoapparat gekrönt ist. Über Oberholzklau – wie der Ort wohl zu seinem Namen kam? – fahren wir nach Kreuztal, das von der Straßenbreite her Weltstadt spielt.

Auf der B517, die schon in Krombach nach Winterberg ausgeschildert ist, kann man zügig fahren, etwas langsamer jedoch auf der landschaftlich schönen Strecke nach Bad Berleburg, weil der Straßenbelag mit einigen unangenehmen Längsrillen aufwartet. Kurvenreich geht es hinauf zum Panoramapark Sauerland, einem Freizeitpark mit heimischem Wild, aber auch einer Wildwasserbahn. Kurz darauf steht am Wegesrand ein Aussichtsturm. Der Rhein-Weser-Turm wird seinem Namen gerecht: Bei klarem Wetter reicht der Blick mit einem guten Fernglas enorm weit. Doch seinen Namen bekam er, weil hier die Wasserscheide zwischen den beiden Flüssen verläuft. Rund 600 Höhenmeter sind seit der Abfahrt im Rheintal überwunden. Das kann sich in den Temperaturen recht deutlich bemerkbar machen – hier oben ist es wesentlich frischer als im heißen Bonn. Gerade bei Touren im Frühjahr und Herbst sollte also irgendwo im Tankrucksack noch ein Pullover Platz finden.

Das gilt natürlich erst recht für den höchsten Punkt der Tour, den Kahlen Asten. Wir gelangen auf den mit 841

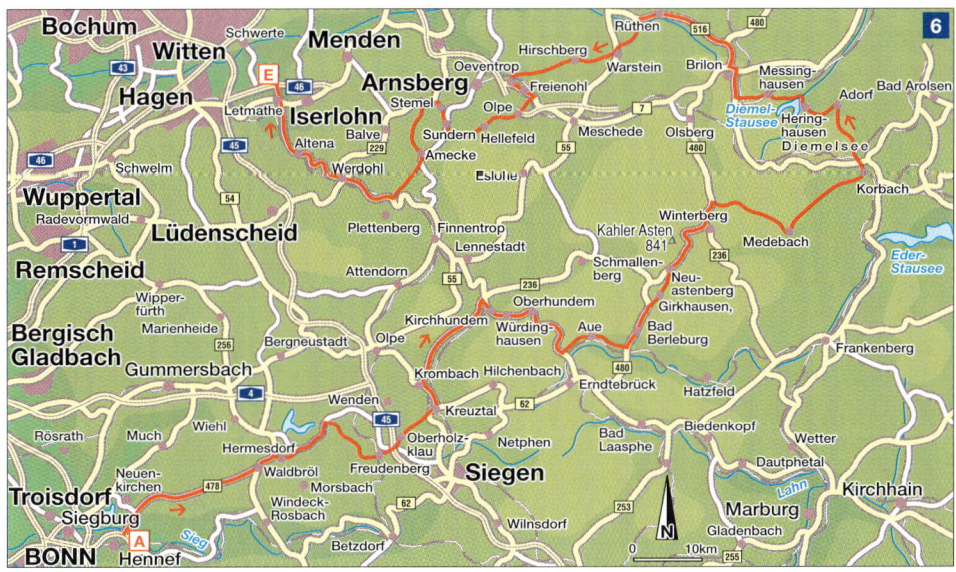

Metern höchsten Berg des Sauerlands über Bad Berleburg mit der mächtigen Schloßanlage der Dynastie Sayn-Wittgenstein und einen kurzen Schlenker auf der Landstraße durch Girkhausen. Das Abbiegen nach Neuastenberg erfolgt in einer veritabalen Spitzkehre, kurz darauf zweigt oben im Ort von der B236 die Straße nach Altastenberg und zum Kahlen Asten ab. Winterberg ist, wie der Ortsname schon sagt, ein beliebtes Skigebiet, hier stehen im Sommer einige günstige Gasthöfe für Übernachtungen bereit. In Winterberg trifft die B236 auf die B480, die wir Richtung Olsberg befahren, um aber schon nach drei Kilometern nach Korbach und Medebach rechts abzubiegen. Wer wenig Zeit hat, kann alternativ der B480 nach Olsberg und Brilon folgen, verpaßt jedoch ein schönes Stück Hessen.

Nach Medebach hinüber ändert sich das Landschaftbild, die Hügel werden sanfter, runder, und man rollt durch weite Felder an Obstbäumen vorbei. Die Landstraße ist angenehm zu fahren, der Verkehr ist bis nach Korbach eher dünn. Wer diese Tour als West-Ost-Verbindung nutzt, braucht von Korbach nur 16 Kilometer auf der B252 nach Arolsen zu fahren, wo Anschluß an die Tour 14 nach Kassel besteht. Auf der B7 kommt man von Kassel ganz einfach in die große Runde nach Fulda, Weimar und weiter durch den Harz nach Hildesheim hinein. So lassen sich die Touren 6, 14, 16, 17, und 18 zu einer Mittelgebirgstour für ein verlängertes Wochenende kombinieren. Das funktioniert übrigens auch rückwärts: Diese Tour kann natürlich auch als Querverbindung von Kassel nach Dortmund gefahren werden.

Von Korbach aus fahren wir zu einem über die Region hinaus wenig bekannten Naturpark, dem Diemelsee. Geradezu idyllisch führt die Uferstraße am Diemel-Stausee entlang, schön auch die schmale Straße über den Staudamm von 1924. Am Bilstein vor-

Nr./km	Road	Position	Richtung	Information
41 / 6		Warstein	Meschede ←	Brauerei, Bilstein-Höhlen [icon]
42 / 1		Warstein	→ Hirschberg	
43 / 6		Hirschberg	Oeventrop ←	Gasthof Zum Hirsch, Stadtgraben 23 Hirschberg, Tel. 0 29 02/36 45 [icon]
44 / 0,4		Hirschberg	↑ Oeventrop	
45 / 13	305	Oeventrop	7 Meschede ←	
46 / 5	7	Freienohl	→ Schmallenberg Eslohe	
47 / 1,5		Olpe	→ Sundern Hellefeld	
48 / 5		Kreuzung vor Hellefeld	→ Sundern Arnsberg	
49 / 7		Sundern	↑ Sorpesee, Neheim-Hüsten	
50 / 4		Stemel	Sorpesee, Langscheid ←	
51 / 0,6			Langscheid Amecke ←	[icon]
52 / 11		Amecke	Sundern Allendorf ←	
53 / 1,5		Abzw. Sundern	→ Finnentrop Werdohl	
54 / 1		Allendorf	→ Plettenberg	
55 / 11		Plettenberg	→ 236 Altena	
56 / 12	236	Werdohl	→ Altena	
57 / 15	236	Altena	Schwerte ←	Burg [icon]
58 / 11	236	Letmathe	→ 46 Dortmund	

am ersten Kreisverkehr gibt es nur noch kleine Hinweisschilder auf die nächste Apotheke oder das Gemeindehaus, weitere Richtungsangaben fehlen. Die Abschreckung zeigt Wirkung: Unsere Tour führt außen um Brilon herum auf den Bundesstraßen 251, 7 und 480. Dafür stehen hier Schilder, die allenfalls die Himmelsrichtung ahnen lassen: Paderborn und Werl sind ausgeschildert. Wir nehmen den Schilderwald gelassen hin und bevorzugen statt dessen den Arnsberger Wald, der vor uns liegt. Der Abzweig nach Warstein kommt bei flotter Fahrt kurzfristig, dann geht es in Richtung der Stadt des berühmten Bieres. Eine Besichtigung der Waldbrauerei ist nach Vereinbarung möglich, am besten in einer kleinen Gruppe. Ansonsten geht es weiter durch den Arnsberger Wald in Richtung Hirschberg. Kurz hinter Warstein folgt ein Wanderparkplatz, von dem aus Wege zu den Bilsteinhöhlen führen. Wir fahren über Hirschberg nach Oeventrup, dort ein kurzes Stück nach Südosten auf der B7 Richtung Meschede und dann wieder ab auf die kleinen Landstraßen, weg vom Schwerverkehr.

Das nächste Ziel ist die Sorpe-Talsperre, die über Herblinghausen und Sundern zu erreichen ist. Auf halber Strecke nach Sundern erreichen wir vor Erlenbruch eine Kreuzung auf freier Strecke, wo es rechts abgeht. Los ist hier gar nichts, kein Verkehr, keine Kuh muht, kein Schaf blökt, die Füchse schlafen. Aber für ein kleines Dorf wurde hier eine große Umgehungsstraße mit Brücke gebaut

bei – in diesem Fall handelt es sich um einen Berg und nicht um einen Stoßdämpfer – geht es nun nach Brilon. Geradeaus in das nette Städtchen sollte nur fahren, wer sich den Ort ansehen will oder ein Café sucht. Schon

– manchmal muß das Geld eben einfach ausgegeben werden, wenn es noch im Budget steht. Wir rollen jedenfalls richtig bequem nach Sundern, wo bereits der Sorpesee ausgeschildert ist, den wir in aller Ruhe zu Dreiviertel umrunden. Die Ruhe ist nötig, weil die ersten Kilometer durchgehend mit Tempo 50 beschildert sind. Ausflugsrestaurants laden ein, und immer wieder öffnet sich durch den lichten Laubwald der Blick auf den Stausee. Zwischen Amecke und Plettenberg folgen die letzten einsamen Streckenabschnitte, dann verläuft unsere Tour bis zur A 46 bei Iserlohn auf der B236. Die Straße windet sich sehr schön durch das Tal der Lenne, doch kann an Wochenenden Ausflugsverkehr die Verkehrslage zähfließend werden lassen. Als Alternativen bieten sich die A 45, zu erreichen von Plettenberg über Herscheid in Richtung Lüdenscheid, oder von Werdohl über Neuenrade und den Kohl-Berg in Richtung Hemer und Iserlohn an.

WEITERFÜHRENDE INFORMATIONEN

 Günstige Übernachtung

Hotel Wittgensteiner Hof
Parkstraße 14
Bad Berleburg
Tel. 0 27 51/72 02

Gasthof Müller
Im Orketal 23
Winterberg-Elkeringhausen
Tel. 0 29 81/73 57

Pension Zur Ederquelle
Ederstraße 16
Vöhl-Herzhausen (B252)
Tel. 0 56 35/3 60

Gasthof Zum Hirsch
Stadtgraben 23
Hirschberg
Tel. 0 29 02/36 45

 Auskunft

Südsauerland Kreisverkehrsverband
Seminarstraße 22
57462 Olpe
Tel. 0 27 61/9 45 70

Touristikzentrale Waldeck-Ederbergland
Südring 2
34497 Korbach
Tel. 0 56 31/95 43 59

Touristikzentrale Sauerland
Heinrich-Jansen-Weg 14
59929 Brilon
Tel. 0 29 61/94 32 29

Durchs Weserbergland und über den Deister: von Kassel nach Celle

 Ausgangsort
Kassel

 Zielort
Celle

 Gesamttourenlänge
290 km

 Zeitbedarf
1 Tag

 Anschluß
Tour 8 von Celle nach Lübeck, für die Rückfahrt Tour 14 von Hamburg nach Kassel oder Tour 18 von Hildesheim nach Fulda

 Streckensperrung
Nienstedter Paß, Barsinghausen-Nienstedt, Sa., So. und an Feiertagen

 Sehenswertes
Kassel: Schloß Wilhelmshöhe, Bergpark, Documenta; Hann. Münden: Marktplatz, Rathaus, Welfenschloß; Reinhardswald: Sababurg; Holzminden: Altstadt; Bodenwerder: Münchhausen-Zimmer; Eldagsen: Saupark, Wisentgehege; Celle: Altstadt, Schloß

 **Kurzbeschreibung**
Kurvenreich verläuft die Tour zunächst entlang der Weser, um dann den Solling zu überqueren. Feine, kleine Paßstraßen führen auch über Krüllbrink, Osterwald und Deister hinüber, bis die Tour in der flachen Heidelandschaft bei Celle endet.

Kassel ist ein guter Ausgangspunkt, zentral gelegen mit guten Autobahnanschlüssen in alle Himmelsrichtungen. Das Umland ist ideal für Motorradtouren, denn Kassel liegt inmitten des schönen Hessischen Berglandes. Im Osten bietet der Kaufunger Wald kurvenreiche Strecken, im Westen der Habichtswald. Wir aber fahren Richtung Norden ins Weserbergland. Die B3 schlängelt sich durch das enge Tal der Fulda, die sich bei Hannoversch Münden mit der Werra zur Weser vereinigt. Eines der schönsten Flußtäler Deutschlands wartet auf uns. Langgezogene Kurven auf gut ausgebauten Bundesstraßen lassen sich angenehm fahren. Touristisch ist die Region sehr gut erschlossen, rechts der Weser verläuft die Deutsche Märchenstraße, linker Hand finden sich Hinweise auf die Straße der Weser-Renaissance, die durch den Reinhardswald verläuft.

Fein rausgeputzt sind die kleinen Städtchen an der Weser mit ihren Fachwerkhäusern. Der Entdecker und Forscher Alexander von Humboldt rechnete Hannoversch Münden zu den sieben schönstgelegenen Städten der Welt. Direkt auf der Landspitze, wo sich die beiden Flüsse treffen, liegt die Altstadt mit dem Welfenschloß und zahlreichen historischen Gebäuden. Den Zusatz Hannoversch trägt Münden noch aus der Zeit der deutschen Kleinstaaterei, als es zu Hannover gehörte. Bad Karlshafen passiert unsere Route zwar nicht, ist aber einen Abstecher wert. Auch hier, wie in Hannoversch Münden, bestimmen Fachwerkhäuser das Bild. Nachdem wir uns warmgefahren haben,

Die Innenstadt von Celle ist wegen der zahlreichen Fachwerkhäuser aus verschiedenen Jahrhunderten sehenswert.

Nr. km	Road	Position	Richtung	Information
ROADBOOK: Motorradtouren in Norddeutschland				
Tour 07	Region: Weserbergland und Deister Etappe: Kassel – Celle		Karte: Generalkarte Deutschland, Bl. Nr. 7, 9, 11	
1	3	Kassel-Innenstadt, Kreuzung [3] [7]	[3] Göttingen	Schloß Wilhelmshöhe, Bergpark Hotel Wilhelmshöher Tor, Heinrich-Schütz-Allee 24, Kassel-Wilhelmshöhe, Tel. 05 61/9 38 90
2 22	3	Hann. Münden	[80] Höxter, Bad Karlshafen	Marktplatz, Rathaus Welfenschloß
3 25	80	Oberweser-Gieselwerder	Göttingen Uslar	Weser überqueren Sababurg
4 0,6		rechtes Weserufer	Uslar Wahlsburg	
5 6		Abzw. Uslar	Göttingen	
6 1	472	Vernawahlshausen	Uslar	
7 1,3			Uslar Wiensen	
8 3		Uslar	Beverungen Dassel	
9 1		Uslar	Kreisverkehr, 3. Ausfahrt: [241] Beverungen Holzminden, Schönhagen	
10 6,5	241	Schönhagen	[497] Holzminden	
11 8	497	Neuhaus	Holzminden	Vor Neuhaus Wildpark mit Restaurant und Café
12 11	497	Holzminden	Höxter Hameln	Hist. Fachwerkhäuser Hotel Buntrock, Karlstr. 23, Holzminden, Tel. 0 55 31/9 37 30
13 1		Holzminden	[83] Hameln	
14 11	83	Polle	Hameln	Links nach Hummersen, Köterberg, Köterberg jeden So. Motorradtreff
15 15	83	Bodenwerder	Kirchbrak Stadtoldendorf	Weser überqueren
16 1		Bodenwerder	Kirchbrak Escershausen	Münchhausenzimmer
17 1,6		Einmündung [240]	[240] Seesen Escershausen	Achtung: Nicht nach Kirchbrak abbiegen! (100 m vorher)
18 2,5	240	Halle	Springe Hameln	
19 1		hinter Halle	Springe Elze	
20 7		Haus Harderode	Elze Lauenstein	

geht es bei Gieselwerder ans rechte Ufer, wo wir über Uslar in den Solling gelangen. Schnell gewinnen wir an Höhe, nicht ohne die Kurven zu genießen. Zwischen 400 und 500 Meter sind die „Gipfel" hoch, bevor es wieder nach Holzminden zur Weser hinab geht. Hinter Holzminden lohnt ein Abstecher auf den Köterberg, am Wochenende ein beliebter Motorradtreffpunkt der Region. Von dem knapp 500 Meter hohen Berg hat man eine schöne Aussicht auf die benachbarten Mittelgebirge Solling und Vogler sowie auf das Eggege-birge im Westen.

Bodenwerder an der Weser ist die Stadt des Barons von Münchhausen, der sich hier seine Lügengeschichten ausgedacht hat. Das Herrenhaus von Freiherr Karl Friedrich Hieronymus von Münchhausen – es gab ihn wirk-lich – dient heute als Rathaus und beherbergt das Münchhausen-Zim-mer. Der Lügenbaron, der so geniale Geschichten wie die vom Ritt auf der Kanonenkugel erfand, soll seine Anekdoten in einer Grotte im Westen von Bodenwerden erzählt haben. Selbstverständlich läuft die Deutsche Märchenstraße durch Bodenwerder, aber auch die Deutsche Fachwerk-straße und die Straße der Weser-Renaissance. So gesehen liegt Bodenwerder im Schnittpunkt des touristischen Interesses.

Jetzt geht es kurvenreich über den Lauenstein zu dem Städtchen Cop-penbrügge. Natürlich könnte man der Bundesstraße 442 nach Bad Münder folgen, auf die müssen wir schließlich später ohnehin wieder. Doch der kleine Schlenker über den Osterwald nach Eldagsen ist nett. Außerdem kann man zwischen Eldagsen und Springe den Saupark oder das Wisentgehege besuchen. Ein kurzes Stück auf der breit ausgebauten B217 bringt uns zum Abzweig nach Bad Münder und zurück auf die B442 nach Einbeckhausen. An Wochenenden heißt es hier weiter auf der Bundesstraße geradeaus fahren, denn der Nienstedter Paß über den Deister ist dann für Motorräder gesperrt. In der Woche jedoch dürfen auch Motorräder diese schöne Strecke fahren.

Wer nun abkürzen möchte, erreicht über Wennigsen die B217 in Richtung Hannover oder über Barsinghausen die Auffahrt Bad Nenndorf der A2 zwischen Hannover und Dortmund. Egal in welche Richtung man fährt, es heißt sich von dem Weserbergland verabschieden, nun folgt die Norddeutsche Tiefebene. Weder Wunstorf noch Neustadt am Rübenberge können mit den zuvor gesehenen Orten mithalten, deshalb lassen wir es zügig angehen bis zur B214, die uns zur A7 von Hamburg nach Hannover und weiter nach Celle bringt. Insbesondere zu Zeiten von

Messen wie beispielsweise der Cebit macht es keinen Sinn, schon früher Richtung Norden auf die Autobahn zu gehen, denn dann ist der Großraum Hannover staugefährdet. Celle ist nicht nur der Anschlußpunkt für die Tour 8 weiter in Richtung Norden, sondern auch selbst als Stadt eine Reise wert. Am Südrand der Lüneburger Heide gelegen, glänzt Celle mit einer hübsch restaurierten Altstadt, zahlreichen Hotels und Gaststätten. Zunächst war Celle die Residenz des Fürstentums Lüneburg, später Zweitresidenz des Königreichs Hannover. Da die Stadt in den beiden Weltkriegen nicht zerstört wurde, strahlt sie bis heute die Atmosphäre einer Residenzstadt aus. Das Netz der Straßen folgt noch der Anlage aus dem 14. und ihrer Erweiterung aus dem 17. Jahrhundert. Die

Nr. km	Road	Position	Richtung	Information
21 / 7		Ortseingang Hemmendorf	Richtung [1] ⬅	
22 / 0,4	1	Hemmendorf	[1] Hameln ➡	
23 / 5	1	Coppenbrügge	Bad Nenndorf [442] Bad Münder Springe Eldagsen ⬅	
24 / 0,6	442	Coppenbrügge	Eldagsen Dörpe ➡	Nach 6 km: Restaurant und Café Zur Holzmühle ✕
25 / 10		Eldagsen	Springe Saupark ➡	3 km: links Saupark, rechts Wisentgehege 🏕
26 / 8		Springe	[217] Bad Münder ➡	
27 / 2,5	217	Abzw. Bad Münder	Bad Nenndorf Bad Münder ➡	Zur schönen Aussicht, Klein Sünteler Str. 6, Bad Münder, OT Klein Süntel, Tel. 0 50 42/9 55 90
28 / 3,5		Kreuzung [442]	[442] Bad Nenndorf ➡	
29 / 5	442	Einbeckhausen	Nienstedt ➡	Achtung: Sa., So. und Feiertage Streckensperrung für Motorräder zwischen Einbeckhausen und Nienstedt ⓥ B442 bis Bad Nenndorf
30 / 0,3		Einbeckhausen	Barsinghausen Nienstedt ➡	
31 / 10		Barsinghausen-Egestorf	Hannover Bad Nenndorf ⬅	
32 / 0,2		Barsinghausen-Egestorf	Bad Nenndorf ⬆	
33 / 1,5		Barsinghausen-Kirchdorf	Bad Nenndorf ⬆	
34 / 1,5		Barsinghausen	Bad Nenndorf ⬆	
35 / 1		Barsinghausen	Hohenbostel ⬆	
36 / 2,5		Hohenbostel	Bad Nenndorf ⬆	
37 / 2		Kreuzung [65]	[65] Minden Bad Nenndorf ➡	
38 / 0,3	65	Kreuzung A2	Bad Nenndorf ⬆	
39 / 0,5	65	Kreuzung [442]	[442] Bad Nenndorf, Neustadt am Rübenberge ➡	
40 / 1	442	Bad Nenndorf	Neustadt, Hannover Wunstorf ⬆	

Das Weserbergland ist mit seinen kleinen Straßen und der geringen Verkehrsdichte ein schönes Revier für Motorradtouren.

Gassen sind schmal, da ist es vernünftig, einen Großteil der Altstadt autofrei zu halten. Wer einen Parkplatz auf dem Ring der Bundesstraßen in Schloßnähe findet, sollte ruhig hier parken, es sind nur wenige Schritte bis ins historische Zentrum.

Nr. / km	Road	Position	Richtung	Information
41 / 23	442	Neustadt	Richtung 6 Hannover Nienburg	
42 / 2	442	Kreuzung 6	Rodewald Mandelsloh	
43 / 0,8		Abzw. Rodewald Hagen	Rodewald Hagen	
44 / 5		Hagen	Rodewald Mariensee	
45 / 0,3		Hagen	Rodewald Dudensen	
46 / 4		Bevensen	Rodewald Laderholz	
47 / 2		Laderholz	Rodewald	
48 / 2		Rodewald	214 Rethem	
49 / 3		Rodewald	214 Celle Schwarmstedt	
50 / 12	214	hinter Schwarmstedt	Celle	
51 / 2,5	214	Kreuzung A7	Celle	
52 / 27	214	Celle Schloß		Landhotel Vieth, Heinrich-Heine-Str. 3, Altencelle, Tel. 0 51 41/9 84 70

WEITERFÜHRENDE INFORMATIONEN

 Günstige Übernachtung

Hotel Wilhelmshöher Tor
Heinrich-Schütz-Allee 24
Kassel-Wilhelmshöhe
Tel. 05 61/9 38 90

Hotel Buntrock
Karlstraße 23
Holzminden
Tel. 0 55 31/9 37 30

Zur schönen Aussicht
Klein Sünteler Straße 6
Bad Münder, Ortsteil Klein Süntel
Tel. 0 50 42/9 55 90

Landhotel Vieth
Heinrich-Heine-Str 3
Altencelle
Tel. 0 51 41/9 84 70

 Auskunft

Hessen Touristik Service
Abraham-Lincoln-Straße 38-42
65189 Wiesbaden
Tel. 06 11/7 78 80 0
Fax 06 11/7 78 80-40

Fremdenverkehrsverband Weserbergland
Inselstraße 3
31787 Hameln
Tel. 0 51 51/93 00-0
Fax 0 51 51/93 00-33

Fremdenverkehrsverband Lüneburger Heide
Barckhausenstraße 35
21335 Lüneburg
Tel. 0 41 31/7 37 30
Fax 0 41 31/4 26 06

HEIDSCHNUCKEN, SALZKARREN UND HANSEKOGGEN: VON CELLE NACH LÜBECK

 Ausgangsort
Celle

 Zielort
Lübeck

 Gesamttourenlänge
200 km

 Zeitbedarf
1 Tag

 Anschluß
Tour 9 von Lübeck nach Flensburg; in Lauenburg Tour 1 von Hamburg nach Potsdam; in Ratzeburg Tour 5 von Hamburg nach Usedom

 Sehenswertes
Celle: Schloß, historische Altstadt; Lüneburg: Deutsches Salzmuseum; Lauenburg: Altstadt, Elbpromenade, Palmschleuse; Mölln: Eulenspiegel-Museum; Lübeck: Hansehäuser, Holstentor, Dom, Marienkirche

 Kurzbeschreibung
Durch die Lüneburger Heide führt die Tour in die namensgebende Stadt. Angenehm zu fahren, weil meist wenig Verkehr herrscht. Dies gilt für allem auch für den Abschnitt zwischen Lauenburg und Lübeck, der überwiegend auf Nebenstraßen verläuft. Mit nur 200 Kilometern auf einfach zu fahrenden Straßen ist diese Tour eine Genußetappe mit genügend Zeit für Sightseeing und Kaffeetrinken.

Das Salz aus Lüneburg bildete über Jahrhunderte die Grundlage für den Reichtum der Hansestadt Lübeck.

Celle, der Ausgangspunkt der Tour, ist das Tor zur Lüneburger Heide, wenn man von Süden kommt. Die historische Altstadt mit ihren Cafés und Boutiquen lohnt einen Stadtbummel. Ausgewiesene Motorradparkplätze gibt es am Markt leider nicht, doch von dort lassen sich die Gassen der Fußgängerzone gut erkunden. Die Stadtanlage stammt in

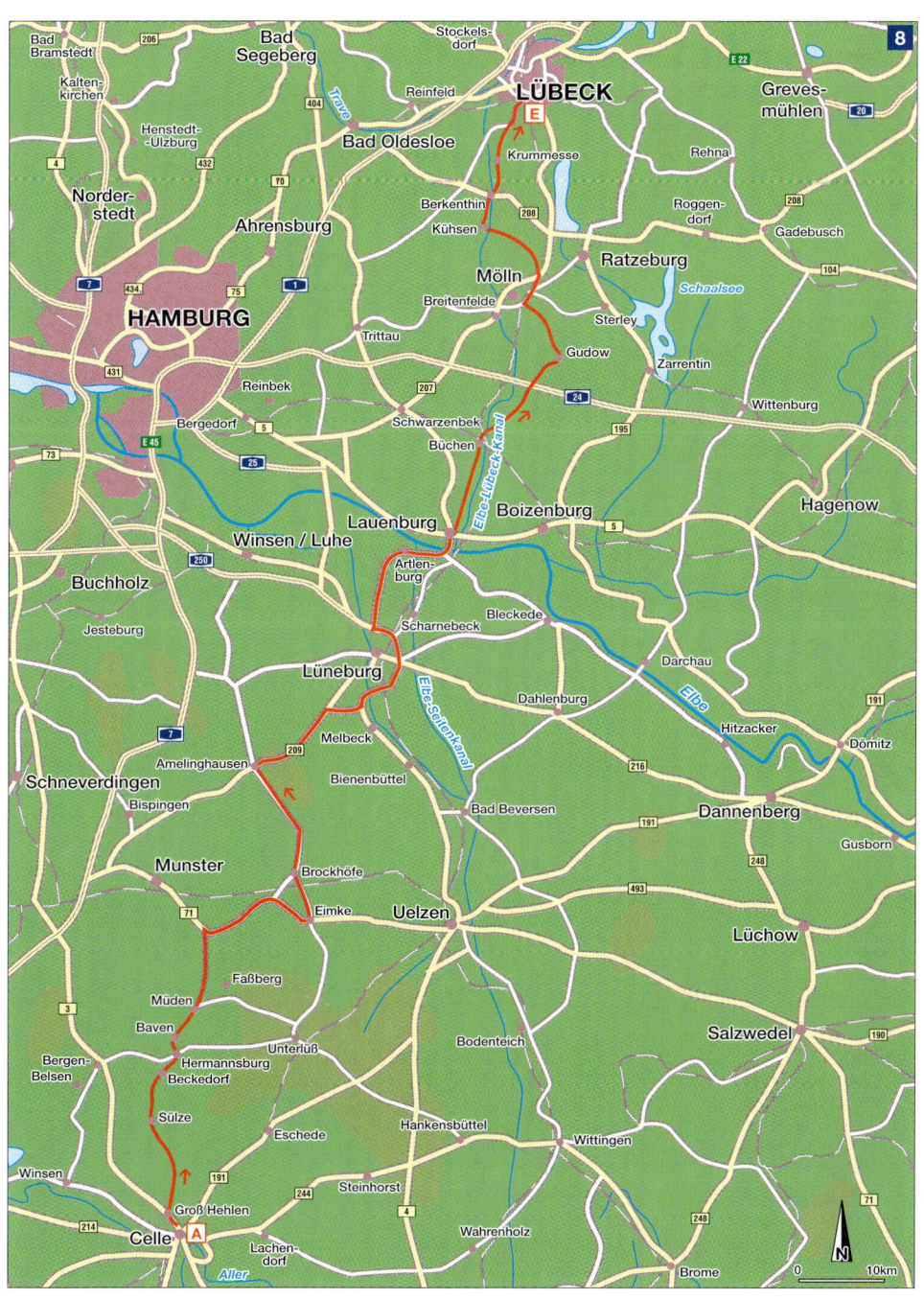

Tour 08	Region: Lüneburger Heide Etappe: Celle –Lübeck		Karte: Generalkarte Deutschland, Bl. Nr. 2, 5, 7, 28	

ROADBOOK: Motorradtouren in Norddeutschland

Nr. km	Road	Position	Richtung	Information
1		Celle Markt	Schloß	Schloß, Altstadt zahlreiche historische Fachwerkhäuser
2 / 0,5	3	Celle	Hamburg Soltau	
3 / 1	3	Celle Neumarkt	Hamburg Soltau	
4 / 3,5	3	Groß Hehlen	Munster	
5 / 15		Sülze	Hermannsburg	
6 / 5,5		Beckdorf	Hermannsburg	
7 / 3		Hermannsburg	Faßberg	
8 / 2		Baven	Faßberg Munster	
9 / 4,5		Müden	Munster	Niemeyer's Posthotel Hauptstraße 7 29238 Faßberg-Müden
10 / 10		2 km hinter Trauen	71 Uelzen	
11 / 15	71	Eimke	Brockhöfe	
12 / 1		Ellerndorf	Brockhöfe	
13 / 5		Brockhöfe	Ebstorf	
14 / 3		Wriedel	Amelinghausen	
15 / 8		Diersbüttel	Amelinghausen	
16 / 5		Amelinghausen	209 Lüneburg	
17 / 17	209	Lüneburg-West	Lübeck	Sehenswerte Altstadt gute Kneipenszene Deutsches Salzmuseum
18 / 10	209	Lüneburg-Ost	2 x re. Lübeck	
19 / 21	209	Lauenburg	5 Hamburg Lübeck	Nette Elbpromenade, Schützenhof Große Str 22 Artlenburg, Tel. 0 41 39/70 30
20 / 1,5	5	Lauenburg	Büchen	

ihren Grundzügen noch aus dem 14.–16. Jahrhundert, zahlreiche historische Fachwerkbauten sind erhalten geblieben.

Über die B3 geht es aus der Stadt hinaus, in Groß Hehlen biegen wir nach Munster ab. Munster ist vor allem für seinen riesigen Truppenübungsplatz bekannt, auf dem die britischen, aber auch andere Truppen der NATO den Ernstfall proben. Schilder, die vor kreuzenden Panzern warnen, sollte man unbedingt ernst nehmen. Häufiger aber sieht man die typischen Mitbringsel aus der Lüneburger Heide an kleinen Ständen, die sich vor Bauernhöfen oder einfach so direkt an der Straße befinden: Kartoffeln und Kohl vom Bauern, selbstgeschleuderten Heidehonig vom Imker und natürlich Schaffelle in jeder Größe und Farbe. Cruiser-Fahrer schätzen die Felle an kühlen Tagen auf der Sitzbank, auf einem Rennhobel wirkt das Fell der Heidschnucke allerdings eher komisch.

Faßberg liegt auf der Grenze zwischen dem Naturpark Südheide und dem militärischen Sperrgebiet. Der örtliche Militärflugplatz wird gelegentlich für Motorradrennen benutzt. Auf den Landstraßen hier ist nicht viel los, aber flottes Fahren ist nicht ohne Risiko: Panzer ohne Blinker und Rückspiegel, Traktoren mit Rüben, die vom Anhänger purzeln, und Touristen, die mehr auf Naturschönheiten als auf den Verkehr achten, bremsen das Vergnügen.

Bei Amelinghausen treffe ich auf die B209, die Lüneburg mit der A7 bei

Soltau verbindet. Entsprechend schnell ist die Bundesstraße ausgebaut, trotzdem ist sie landschaftlich sehr schön mit ihren langen Passagen durch hohen Laubwald. Hier kann man die Maschine mal richtig laufen lassen. Kurz vor Lüneburg, wo sie auf die von Uelzen kommende B4 trifft, ist die B209 vierspurig als Umgehungsstraße ausgebaut. Das hat seinen guten Grund, schließlich ist Lüneburg teilweise unterhöhlt, so daß der Schwerverkehr allein deshalb schon einen Bogen um Lüneburg machen muß. Hier befand sich im Mittelalter Europas größte Produktionsstätte für Salz. Es wurde das „weiße Gold" genannt, weil es in einer Zeit ohne Kühlschränke und Tiefkühltruhen als wichtigstes Konservierungsmittel sehr wertvoll war. Nicht alle Lebensmittel ließen sich räuchern oder an der Luft trocknen, damit sie haltbar waren. Das Salz wurde von Lüneburg

auf der alten Salzstraße in die Hansestadt Lübeck gebracht, teils mit Pferd und Wagen, teils mit Kähnen, die durch die Ilmenau zur Elbe getreidelt wurden. Im Deutschen Salzmuseum in Lüneburg wird die frühindustrielle Geschichte der Salzgewinnung sehr anschaulich präsentiert. Regelmäßig finden hier Vorführungen im Salzsieden statt. Auch wer nicht ins Museum oder das prachtvolle Rathaus besichtigt geht, wird sich in Lüneburg wohl fühlen. In der charmanten Altstadt finden sich zahlreiche Kneipen, wo fast immer etwas los ist, schließlich ist Lüneburg Universitätsstadt. Wer sich beim Hineinfahren in die City noch nicht verfahren hat, sollte auch auf der Weiterfahrt die Einbahnstraßen im Innenstadtbereich meiden. Als Orientierungspunkt helfen alle Schilder Richtung Uelzen, Dannenberg oder Lübeck, denn diese Straßen münden allesamt wieder

Über den Elbe-Lübeck-Kanal führen – wie hier bei Berkenthin – noch einige alte Brücken, deren „Pflaster" aus Holzbohlen besteht.

Nr. / km	Road	Position	Richtung	Information
21 / 14		Büchen	➡ Gudow	
22 / 0,2		Büchen	⬆ Gudow	
23 / 14		Gudow	⬅ Mölln	
24 / 5		Lehmrade	⬅ Mölln	
25 / 6		Mölln Zentrum	➡ Ratzeburg	Histor. Altstadt Eulenspiegel-Museum
26 / 2,5		Mölln-Nord Kreuzung 207	⬆ Klinkrade	
27 / 0,5		Mölln-Nord	Klinkrade ⬅	
28 / 2		Abzw. Labenz	Labenz Kühsen ⬅	
29 / 7		Kühsen	➡ Berkenthin	
30 / 6		Berkenthin	⬆ Lübeck Ratzeburg	
31 / 1		Berkenthin hinter der Kanalbrücke	Lübeck ⬅	Klempau's Gasthof Lübecker Straße 5–7, Krummesse Tel. 0 45 08/2 64
32 / 15		Lübeck , St.- Jürgen-Ring 207		Zum Anschluß Tour 9 und Zentrum den Schildern Richtung Puttgarden Kiel folgen

auf dem vierspurigen Ring der B209/B4 rund um Lüneburg.

Im weiteren Verlauf ist die Bundesstraße 209 nicht sonderlich spannend, einen kurzen Abstecher lohnt aber das moderne Schiffshebewerk in Scharnebeck. Es besteht aus zwei riesigen Aufzügen für Binnenschiffe, die den Höhenunterschied des Elbeseitenkanals zwischen Elbetal und Lüneburger Heide ausgleichen. Lauenburg, wo die ursprüngliche Strecke wieder erreicht wird, ist von Scharnebeck ausgeschildert. Den schönsten Blick auf das Städtchen, das am hohen Elbufer zu kleben scheint, hat man von der Elbbrücke. Es folgt die Überquerung des Elbe-Lübeck-Kanals, der der Nachfolger des Stecknitz-Kanals ist. Das 650jährige Jubiläum des Kanals wurde 1998

Lauschige Plätzchen gibt es zuhauf an der „nassen" Salzstraße.

gefeiert, unter anderem an der Lauenburger Palmschleuse, die aus dem Jahre 1726 stammt. An der Elbuferpromenade gibt es mehrere Cafés, und Möllers Hotel hat nette Zimmer mit Elbblick.

Jetzt heißt es runter von der Bundestraße und rein ins Vergnügen! Die Landstraße von Lauenburg über Büchen und Gudow nach Mölln läuft richtig gut. Die leicht hügelige Landschaft des Naturparks Lauenburgische Seen läßt sich von der Anhöhe hinter Lauenburg gut erkennen. Bei Büchen wird der Elbe-Lübeck-Kanal überquert – auf einer einspurigen Brücke. Eine witzige Alternative ist die winzige Kanalfähre bei Siebeneichen. Kein Fährmann in Sicht? Kein Problem: Einmal von Hand an der Glocke geklingelt, schon kommt er und setzt einen über (nur April bis Oktober). Richtung Gudow führt eine lange Gerade durch den Wald, immer wieder gesäumt von Birken. Die schönste Jahreszeit für das folgende Teilstück liegt Ende Mai bis Anfang Juni, wenn der Raps sein pralles Gelb trägt. Die Gegend hier ist voller Seen, von denen einige zum Baden einladen, beispielsweise der Lütauer See vor Mölln. Eine Badestelle befindet sich am Campingplatz, die andere einige Minuten zu Fuß von der Straße entfernt.

Mölln ist die Stadt Till Eulenspiegels, der mehr als nur Schalk und Possenreißer war. Was er den Reichen abluchste, soll er den Armen gegeben haben – eine Art Robin Hood also, wenn man den Legenden Glauben schenken darf. Eulenspiegel wurde in Mölln beerdigt, sein Grabstein steht an der massigen Backsteinkirche St. Nicolai aus dem 12. Jahrhundert. Darunter, am Markt, wurde Till mit dem Brunnen ein Denkmal gesetzt. Sein Daumen und der große Zeh sind völlig blank, denn es soll Glück bringen, wenn man daran

Ein Abstecher führt zum Fährmann der kleinen Kanalfähre von Siebeneichen.

reibt. Im Café am Markt sitzt es sich nett draußen – oder bei schlechterem Wetter drinnen in der historischen Stube mit ihren dicken Balken. Vom Frühstück über Kaffee und Kuchen bis zum leckeren kleinen Tellergericht gibt es hier alles.

Die letzte Etappe verläuft wieder nahe dem Kanal, bei Berkenthin wird er zum letzten Mal überquert. Die Brücke ist ein seltenes Exemplar: Wo wird eine Bundestraße schon einspurig wechselweise über eine Brücke geleitet? Nach dem Linksabbiegen Richtung Lübeck könnte man eigentlich immer geradeaus bis zur Hansestadt rollen lassen, läge da nicht Klempau's Gasthof in Krummesse an der Strecke. Der Krug kann eine Schankgenehmigung von 1577 und Auszeichnungen in Kochwettbewerben jüngeren Datums vorweisen. Die Inhaber Birgit und Thomas Klempau fahren selbst Motorrad und freuen sich über Biker in ihrem Landhotel. Auf Wunsch bietet Thomas geführte Touren durch den Naturpark Lauenburgische Seen und in die Umgebung an. Außerdem liegt Krummesse sehr verkehrsgünstig für Besuche in der Hansestadt Lübeck.

Das dicktürmige Holstentor ist das wohl bekannteste Wahrzeichen der Hansestadt Lübeck.

Lübeck ist ohne Zweifel kulturell und städtebaulich der Höhepunkt dieser Tour. Das Holstentor mit seinen dicken, runden Türmen ist von den alten 50-Mark-Scheinen bekannt, doch im Original wirkt es noch gedrungener als auf dem Geldschein. Direkt daneben verweisen die Salzspeicher auf die Grundlage des Aufstiegs von Lübeck zur mächtigsten Stadt des Ostseeraumes im späten Mittelalter: Das Lüneburger Salz machte Lübeck reich! Trotz der heftigen Zerstörungen der Innenstadt im Zweiten Weltkrieg ist die Hansezeit noch in vielen Gebäuden gegenwärtig, beispielsweise im Rathaus oder der Marienkirche. Sehenswert für Literaturfreunde ist auch das „Buddenbrook-Haus" (Thomas Mann!). Es gibt in Lübeck bei gleicher Qualität preiswertere Restaurants als das Haus der Schiffergesellschaft – aber kaum eines atmet noch so den Geist der Hanse. Auf alten, dunklen Eichenbänken sitzend, die Wappen der wichtigsten Bürger-Geschlechter vor einem an der Wand, speist man hier, während von der Decke imposante Modelle Lübecker Handelsschiffe hängen. Daß man auch für das Ambiente zahlt, stört die wenigsten – das ist es wert.

WEITERFÜHRENDE INFORMATIONEN

 Günstige Übernachtung

Niemeyer's Posthotel
Hauptstraße 7
Faßberg-Müden
Tel. 0 50 53/9 89 00

Schützenhof
Große Str 22
Artlenburg
Tel. 0 41 39/70 30

Klempau's Gasthof
Lübecker Straße 5-7
Krummesse
Tel. 0 45 08/2 64

 Auskunft

Fremdenverkehrsverband Lüneburger Heide
Barckhausenstraße 35
21335 Lüneburg
Tel. 0 41 31/7 37 30
Fax 0 41 31/4 26 06

Tourismusverband Alte Salzstraße
Am Markt 10
23909 Ratzeburg
Tel. 0 45 41/20 06
Fax 0 45 41/8 45 53

Tourismuszentrale Lübeck
Beckergrube 95
23552 Lübeck
Tel. 04 51/12 28-100
Fax 04 51/12 28-190

DURCH DIE HOLSTEINISCHE SCHWEIZ AN DIE OSTSEESTRÄNDE: VON LÜBECK BIS FLENSBURG

 Ausgangsort
Lübeck

 Zielort
Flensburg

  Gesamttourenlänge
260 km

 Zeitbedarf
1–2 Tage

 Anschluß
Zubringer bestehen von Tour 8, für die Rückfahrt kann Tour 10 in umgekehrter Reihenfolge gefahren werden

Sehenswertes
Lübeck: Hansehäuser, Holstentor, Dom, Marienkirche; Eutin: Schloß; Panker: Gutshof, Aussichtsturm Hessenstein; Schönbergerstrand: Museumseisenbahn; Kiel: Kanalschleusen; Eckernförde: Altstadt; Waabs: Schloß Ludwigsburg; Glücksburg: Wasserschloß

 Kurzbeschreibung
Die schleswig-holsteinische Ostseeküste ist ein beliebtes Badeziel. Diese Tour führt zu den schönsten Stränden, ohne in den dicken Ausflugsverkehr zu kommen. Reizvolle Strecken machen die Entscheidung zwischen Strand und Fahren schwer: Hügelig und kurvig in der Holsteinischen Schweiz, lange Gerade in der Probstei und Richtung Flensburg – diese Strecke ist ideal für Genußtourer.

Am Hafen von Eckernförde treffen sich Motorradfahrer gern zum Klönschnack an einer der Fischbuden.

Würde ich Sterne für die Touren vergeben – diese bekäme die höchste Punktzahl. Das liegt zum einen daran, daß dies mein Hausrevier ist, wo ich schon mit dem Fahrrad unterwegs war, als ich noch nicht Motorrad fahren durfte. Wichtig ist mir auch die Nähe zur Ostsee: Es ist einfach toll, sich zur Pause mal eben an den Strand zu legen, baden zu gehen und anschließend wieder die kleinen Straßen zu genießen. Das Hinterland der Ostsee bietet Fahrspaß pur: geringe Verkehrsdichte, leichte Kurven und gute Straßen. Immer wieder blitzt das Meer hinter den Feldern auf. Die Strände sind natürlich auch autofahrenden Mitmenschen bekannt, was an sonnigen Sommer-Wochenenden zu kilometerlangen Staus zwischen Hamburg und der Lübecker Bucht führt. Deshalb verläuft unsere Tour von der

ROADBOOK: Motorradtouren in Norddeutschland			
Tour 09 Region: Holsteinische Schweiz, Ostseestrände Etappe: Lübeck – Flensburg		Karte: Generalkarte Deutschland, Bl. Nr. 1, 2	

Nr./km	Road	Position	Richtung	Information
1		Lübeck, Kreisverkehr am Hauptbahnhof	206 Bad Segeberg, Kiel	Klempau's Gasthof, Lübecker Straße 5 – 7, Krummesse, Tel. 0 45 08/2 64
2 / 5	206	Ortsausgang Stockelsdorf	Ahrensbök	
3 / 10		Ahrensbök	Eutin	
4 / 14		Kreuzung 76	Eutin	
5 / 1,5		Eutin	Lübeck	
6 / 1		Eutin	Lehnsahn, Puttgarden	Wiesenhof, Leonhard-Bold-Straße 25, Eutin-Fissau, Tel. 0 45 21/7 07 60
7 / 0,5		Eutin	Lehnsahn, Puttgarden	
8 / 12		Schönwalde	Lütjenburg, Kiel	
9 / 19		Kreuzung 430	Lütjenburg	Hohwachter Hof, Strandstraße 6, Hohwacht, Tel. 0 43 81/70 32
10 / 0,7		Lütjenburg	Schönberg, Kiel	
11 / 0,1		Lütjenburg	Schönberg	
12 / 1		Lütjenburg Ortsausgang	Schönberg, Panker	
13 / 4		Panker		A Gut Panker, Restaurant Alte Liese
14 / 16		vor Schönberg	Schönberger-strand	
15 / 2		Schönbergerstrand	Holm, Kalifornien	A geradeaus: Museumseisenbahn, Strand, Fischräucherei mit Imbiß
16 / 3		Holm	Schönberg	A nach rechts: Mittelstrand, Strand Kalifornien
17 / 3		Kreuzung 502	Schönberg, Probsteierhagen	
18 / 1		Schönberg	Probsteierhagen, Kiel	Hotel Stadt Kiel, Markt 8, Schönberg, Tel. 0 43 44/3 05 10
19 / 6		Probsteierhagen	Schönkirchen, Kiel	
20 / 8		Schönkirchen	Kiel	Großbaustelle!

Hansestadt aus zunächst einmal ins Hinterland. Nichts gegen Travemünde, Timmendorfer Strand und Scharbeutz, aber Fahrspaß kommt hier nicht auf, wenn es voll ist.

Hinter Stockelsdorf ist die Nebenstraße nach Eutin ausgeschildert, auf der wir „von hinten" die Holsteinische Schweiz erobern. Hinter Ahrensbök hat man von einer Anhöhe aus einen ersten Rundblick auf die waldreiche Hügellandschaft. Eigentlich kann man in Eutin schon die erste Kaffeepause einlegen, obwohl erst 30 Kilometer geschafft sind. Vom Schloß an der Promenade reicht der Blick über den Großen Eutiner See – ein nettes Plätzchen für ein zweites Frühstück. Die Straße nach Schönwalde verläuft durch Mischwald, der immer wieder durch Felder unterbrochen wird. In Schönwalde biegen wir nach Lütjenburg links ab, die ersten Schilder zum Bungsberg tauchen auf, und wer Lust hat, kann einen Abstecher auf den höchsten Berg Schleswig-Holsteins machen. Die 167 Höhenmeter reichen in guten Wintern sogar, um einen Skilift in Betrieb zu setzen! Langgezogene Kurven laden auf dem Weg nach Lütjenburg zu flotter Fahrweise ein. Dort ist ein erster Abstecher zum Strand nach Hohwacht möglich. Ansonsten geht es weiter Richtung Schönberg. Die Ausschilderung in Lütjenburg ist etwas unübersichtlich, man gerät leicht auf die B202 in Richtung Kiel statt auf die Landstraße nach Schönberg. Nach vier Kilometern liegt rechter Hand Gut Panker. Hier sieht man,

wie prachtvoll die Gutsherren in Ostholstein lebten. Das Gasthaus „Ole Liese" liegt direkt auf dem Gut, das auch eine Galerie beherbergt. Wer luxuriös speisen will, sollte einen Abstecher auf den Hessenstein machen. Das dortige Forsthaus ist ein Gourmet-Treff; vom benachbarten Aussichtsturm hat man einen schönen Rundblick bis zur Ostsee.

Das Land wird jetzt flacher bis Schönberg,

wo wir einen kleinen Schlenker in Richtung Strand machen. Die Museumseisenbahn fährt im Sommer regelmäßig unter Dampf nach Kiel, im Depot stehen aber auch zahlreiche alte Straßenbahnen. Der örtliche Strand ist selten überfüllt, und direkt hinter dem Deich bekommt man leckere Fischgerichte aus der Räucherei. Nach Kiel hinein gibt es zwei Möglichkeiten, die schönere

67

Nr. km	Road	Position	Richtung	Information
21 / 0,7		Kiel-Dietrichsdorf	**502** Kiel, Autobahn ←	
22 / 0,7	502	Kiel-Wellingdorf	Fernverkehr, Autobahn ↑	
23 / 4	502	Kiel-Gaarden	**76** Flensburg →	
24 / 3	76	Kiel, Kreuzung A 215	Flensburg, Eckernförde ↑	
25 / 1,5	76	Kiel, Kreuzung Eckernförder Straße	**503** Olympiazentrum ↑	
26 / 2	503	Kiel, Westring	Fernverkehr, Olympiazentrum ←	
27 / 0,2	503	Kiel, Westring	Altenholz-Klausdorf, Olympiazentrum →	
28 / 6	503	hinter Kiel-Holtenau	Olympiazentrum, Kiel-Schilksee →	
29 / 4		Kiel-Schilksee	Strande, Dänisch-Nienhof ↑	Haus am Meer, Bülkweg 47, Strande, Tel. 0 43 49/3 30 12 34
30 / 5		Marienfelde	Dänisch-Nienhof →	
31 / 6		Schwedeneck-Surendorf	Eckernförde →	
32 / 11		Schnellmark	**76** Eckernförde ←	
33 / 7	76	Eckernförde, Lornsenplatz	Zentrum →	
34 / 1,5		Eckernförde, Hafen	Waabs →	Seepferdchen, Fischerstraße 33, Eckernförde, Tel. 0 43 51/7 27 40
35 / 2		Eckernförde, Ortsausgang	Waabs, Damp ↑	
36 / 17		Vogelsang-Grünholz	Thumby, Kappeln →	
37 / 0,2		Vogelsang-Grünholz	Thumby, Kappeln ←	
38 / 3		Thumby	Kappeln ↑	
39 / 6		Abzweig Arnis	Kappeln ↑	A nach links: Schleifähre Arnis
40 / 2		Kreuzung **203**	Kopperby ↑	

Strecke führt über Probsteierhagen und Schönkirchen, wo am Ortseingang Kiel eine Großbaustelle den Verkehr behindert. Die B502 in Richtung Laboe erhält hier eine völlig neue Trasse. In Kiel legen die großen Fährschiffe nach Göteborg und Oslo ab; ist man erst einmal auf dem Westufer, kann man auch ohne Stadtplan einen Abstecher in die Innenstadt wagen. Wer am Fördeufer entlang fährt, gelangt automatisch wieder auf die Holtenauer Hochbrücke Richtung Schilksee und

Strande. Der Blick von der Hochbrücke auf die Schleusen des Nord-Ostsee-Kanals ist toll, zum Besichtigen biegt man die erste Ausfahrt nach der Brücke nach Holtenau ab. In Kiel Schilksee liegt das Olympiazentrum, wo 1972 die Segelwettbewerbe anläßlich der Olympiade in München ausgetragen wurden. Die Kieler Woche ist der jährliche Höhepunkt der Segelsaison. Während die Regatten auf der Förde stattfinden, amüsiert man sich auf der Kiellinie, dem Fördeufer zwischen Ostseekai und Landtag. Zelte mit Bands, Buden und Bierstände locken Tausende von Besuchern.

Die Strecke führt ab Marienfelde an der Steilküste entlang. Hinter Stohl eröffnet sich ein schöner Blick über die Ostsee. Ein kurzer Spaziergang durch die Felder – und man gelangt an einen ruhigen Strand. Vorbei am Herrenhaus Noer geht es nun nach Eckernförde, das freundliches Kleinstadtflair und Strandleben bietet; die weißen Sandstrände sind mehrere Kilometer lang. Am Hafen stehen fast immer ein paar Motorradfahrer. Eckernförde ist ein guter Ort, um hier die Fahrt zu unterbrechen. Zum einen bleibt dann Zeit für einen Abstecher in die Hüttener Berge und nach Schleswig, zum anderen

Die langgezogene Schlei wird von idyllischen Reetdachhäusern gesäumt.

Nr. km	Road	Position	Richtung	Information
41 / 5		Kappeln, Schleibrücke	**201** Gelting ←	
42 / 1	201	Kappeln	**199** Gelting, Flensburg ↱	
43 / 6	199	Kieholm	Flensburg ↑	Ⓐ nach rechts: Fischräucherei mit Restaurant, Maasholm Hotel Maasholm, Hauptstraße 38, Maasholm, Tel. 0 46 42/60 42 
44 / 9	199	Gelting	Flensburg ↑	Ⓐ Fähre nach Fåborg, Dänemark
45 / 31	199	Flensburg	Niebüll ←	Fährhaus Holnis, Glücksburg-Holnis, Tel. 0 46 31/6 13 30
46 / 1	199	Flensburg-Hafen		

nach Waabs gehört zu den schönsten Passagen dieser Tour, hat aber den Nachteil, daß sie fast durchgehend mit Tempo 60 beschildert ist. Der Hohlweg wird von hohen, alten Bäumen gesäumt, durch Kuppen und Kurven kann man die anderthalbspurige Straße selten weit einblicken. Wenn man dann noch ein Wohnwagen-Gespann vor sich hat... Nach rechts verweisen immer wieder Schilder auf die zahlreichen Campingplätze an der Eckernförder Bucht, die größten liegen bei Waabs. Bei Vogelsang-Grünholz kreuzt unsere Strecke die langweilige, schnell ausgebaute B203, um sich über Thumby an die idyllische Schlei vorzuarbeiten.

Nett ist der Abstecher nach Arnis, der kleinsten Stadt Schleswig-Holsteins. Ein Fähre

stimmt in Eckernförde die Infrastruktur: Die Auswahl an Restaurants, Kneipen und Cafés läßt keine Wünsche offen. Wem die örtlichen Hotelzimmer zu teuer sind, der sollte bei der Kurverwaltung nach Privatzimmern fragen. Die Nebenstraße von Eckernförde-Borby

Das schloßähnliche Gut Panker ist eines der stattlichsten Herrenhäuser in Ostholstein. Im Gasthof „Ole Liese" läßt es sich auf dem Gut stilvoll Pause machen.

setzt uns über die Schlei über, am anderen Ufer warten Cafés. Wer wie vorgeschlagen über Kopperby nach Kappeln fährt, überquert die Drehbrücke von 1927. In der Schlei stehen hier noch Heringszäune, eine traditionelle Art des Fischfangs. Richtung Gelting folgt auf der B199 der Abzweig nach Maasholm. Direkt auf der Kreuzung liegt die Fischräucherei, in deren Gaststube es leckere Fischgerichte für kleines Geld gibt. Die Bundesstraße Richtung Flensburg läuft ausgesprochen flott. Bei Unewatt lohnt das kleine Freilichtmuseum einen Stopp. Ein Abstecher nach Glücksburg ist wegen des weißen Wasserschlosses empfehlenswert. Flensburg ist Grenzstadt, und in den Straßen hört man viel Dänisch. Wer durch die Fußgängerzone geht, sollte nicht versäumen, einen Blick in die zahlreichen Hinterhöfe zu werfen, in denen sich oft kleine Cafés und nette Geschäfte verstecken. Für Technik-Fans ist der Höhepunkt das alle zwei Jahre stattfindene Dampf-Rundum. Dann versammeln sich in der Fördestadt Dampfschiffe, Dampfmaschinen und Dampfwalzen zu einem großen Treffen, das seinesgleichen sucht. Wer auf der Rückfahrt die Tour 10 in umgekehrte Richtung fahren möchte, bekommt den Anschluß über die B200 nach Husum. Eine Alternative dazu bietet die alte B76 über Oeversee nach Schleswig und von dort aus nach Rendsburg.

WEITERFÜHRENDE INFORMATIONEN

 Günstige Übernachtung

Klempau's Gasthof
Lübecker Straße 5-7
Krummesse
Tel. 0 45 08/2 64

Wiesenhof
Leonhard-Bold-Straße 25
Eutin-Fissau
Tel. 0 45 21/7 07 60

Hohwachter Hof
Strandstraße 6
Hohwacht
Tel. 0 43 81/70 32

Hotel Stadt Kiel
Markt 8
Schönberg
Tel. 0 43 44/3 05 10

Haus am Meer
Bülkerweg 47
Strande
Tel. 0 43 49/3 30 12 34

Seepferdchen
Fischerstraße 33
Eckernförde
Tel. 0 43 51/7 27 40

Hotel Maasholm
Hauptstraße 38
Maasholm
Tel. 0 46 42/60 42

Fährhaus Holnis
Glücksburg-Holnis
Tel. 0 46 31/6 13 30

 Auskunft

Tourismusverband Schleswig-Holstein
Niemannsweg 31
24105 Kiel
Tel. 04 31/5 60 01 00
Fax 04 31/56 98 10

Verkehrsverein Flensburg
Speicherlinie 40
24937 Flensburg
Tel. 04 61/2 30 90
Fax 04 61/1 73 52

DURCH PLATTES LAND AN DER NORDSEEKÜSTE ENTLANG: VON BREMEN BIS NIEBÜLL

Ausgangsort
Bremen

Zielort
Niebüll

Gesamttourenlänge
280 km

Zeitbedarf
1–2 Tage

Anschluß
Zubringer bestehen von Tour 11, für die Rückfahrt kann Tour 9 in umgekehrter Reihenfolge gefahren werden, Anschluß mit Autoreisezug nach Sylt

Sehenswertes
Bremen: Rathaus, Roland; Worpswede: Kunstgalerien; Glückstadt: Markplatz, Matjeswochen; Tönning: Hafen; Husum: Schloß, Altstadt

Kurzbeschreibung
Flachland mit langen Geraden, weiter Sicht und reichlich Westwind. Abstecher führen an die Nordseeküste nach Büsum oder St. Peter-Ording. Die Tour ist gedacht für Leute, die an der Küste, auf Sylt oder einer der anderen Nordseeinseln Urlaub machen wollen.

Von Niebüll, dem Endpunkt der Tour 10, bietet sich ein Abstecher nach Sylt an: im Bild der Leuchtturm von Hörnum.

Die höchste Erhebung in der Marsch ist die Kuh. Diese alte Bauernweisheit stimmt nicht mehr ganz, die Deiche sind heute höher. Unsere Tour verläuft komplett durch die flachen Marschen – hier sieht man schon vormittags, wer abends zu Besuch kommt... Wer heiße Kurven sucht, wird enttäuscht, trotzdem hat eine Motorradtour entlang der Nordseeküste ihren ganz eigenen Reiz. Vom Westwind schiefe Bäume neigen sich alle nach Osten, die Wolkenbildung und das spezielle flache Licht schaffen eine ganz besondere Atmosphäre, die schon den Maler Emil Nolde zu vielen seiner Werke inspirierte. Das Ziel der Reise heißt Nordfriesland, die zweite deutsche Landschaft nach Ostfriesland, in der Tee wichtiger ist als Kaffee. Von Niebüll aus besteht Anschluß nach Sylt. Über den Hindenburgdamm fahren die Autoreisezüge der Bahn, an der Verladung kommt man nur

vorbei, wenn man bis nach Dänemark auf die Insel Rømø fährt, von wo eine Fähre nach List auf Sylt verkehrt.

Die Hansestadt Bremen ist der Ausgangspunkt der Tour. Wer nicht aus Bremen kommt, sollte einen Stadtrundgang machen, bevor es auf die Piste geht. Besonders sehenswert sind das Rathaus der Hansestadt und natürlich ihr Wahrzeichen, der Roland. Zahlreiche Bürgerhäuser stammen noch aus der großen Zeit der Hansestadt. Im Übersee-Museum finden sich Abteilungen zu den Themen Südsee, Asien, Afrika und Amerika – die Bremer Seefahrt war einst auf allen Weltmeeren zu Hause.

Unsere Tour startet vor den Toren der Stadt an der Autobahnabfahrt Bremen-Horn. Über Lehesterdeich und Lilienthal geht es nach Worpswede, wo sich seit über hundert Jahren viele Maler niedergelassen haben. An der Straße weist ein Schild nach dem anderen auf kleine Ateliers und Galerien hin. Moorig ist das Land hier gewesen, heute sind die

73

ROADBOOK: Motorradtouren in Norddeutschland

Tour 10	Region: Nordseeküste Etappe: Bremen – Niebüll/Sylt		Karte: Generalkarte Deutschland, Bl. Nr. 1, 2, 3/4
Nr. km	**Road**	**Position**	**Richtung**	**Information**
1		A27 Abfahrt Bremen-Horn	Lilienthal	
2 / 2		Bremen-Lehesterdeich	Lilienthal, Worpswede ←	
3 / 9		Lilienthal	↑ Worpswede	
4 / 6		Worpswede	← Karlshöfen	
5 / 17		Karlshöfen	Gnarrenburg ←	
6 / 6		Gnarrenburg-Kuhstedt	← 74 Bremervörde	
7 / 7	74	Basdahl	→ 71 74 Stade	
8 / 9	71 74	Glinde	495 ← Wischhafen	
9 / 4	495	Ebersdorf	→ Wischhafen	
10 / 35	495	Neuland	Wischhafen ←	
11 / 4	495	Wischhafen	→ Elbefähre	
12 / 1		Wischhafen Anleger Elbefähre		6.00 – 20.00 Uhr halbstündl. Überfahrt 30 Min. MC 4,– DM 2,50 DM p/Pers. Tel. 0 41 24/24 30
13 / 1		Glückstadt Anleger Elbefähre	↑ Brunsbüttel	
14 / 1		Glückstadt	Blomesche Wildnis →	Op de Deel, Am Neuendeich ✕ nach rechts zur Innenstadt, Marktplatz, Hafen
15 / 3		Blomesche Wildnis	→ Brunsbüttel	Gasthaus zu Störmündung, Am Neuendeich, Ivenfleth, Tel. 0 41 24/8 91 41 ✕
16 / 1		Blomesche Wildnis	→ 431 Brunsbüttel	Nach 1 km: Links: Hollerwettern, nach 3 km Gasthof Zur Tränke, Tel. 0 48 29/4 37. Edith Bender Großwisch 13, Wewelsfleth, Tel. 0 48 29/92 98
17 / 13	431	St. Margarethen	↑ Burg	
18 / 3	431	Kreuzung B5	5 Heide ←	
19 / 6	5	Brunsbüttel-Süd	→ St. Michaelisdonn	
20 / 0,5		Brunsbüttel-Süd	St. Michaelisdonn ←	

Das flache Licht des Nordens sorgt für stimmungsvolle Farben über der breiten Elbe bei Brunsbüttel.

meisten Moore trockengelegt. Das berühmteste ist wohl das Teufelsmoor, an dessen Rand wir weiter nach Gnarrenburg fahren. Kleine Geestrücken lockern die Landschaft auf, der feuchte Bruchwald wird von kleinen Flecken mit lockerem Mischwald abgelöst. Noch vor Bremervörde zweigt die Bundesstraße 495 über Lamstedt nach Hemmoor links ab. Mit dem Überqueren des Flüßchens Oste sind wir mitten in der Elbmarsch gelandet. Die grüne Küstenstraße biegt vor der ehemaligen Insel Krautsand links nach Wischhafen ab. Krautsand war einst von der Süderelbe umschlungen, doch die ist heute

verschlickt. Ein bißchen Inselcharakter hat es sich erhalten.

Wir stoßen auf die Mündung der Süderelbe in die „große" Elbe am Fähranleger von Wischhafen. Eine halbe Stunde dauert die Überfahrt nach Glückstadt, denn die Elbe ist hier etwa drei Kilometer breit. Die offenen Fähren fahren alle 30 Minuten, so daß man als Motorradfahrer selten mit Wartezeiten rechnen muß. Während der Überfahrt hat man Gelegenheit, die dicken Pötte zu beobachten, die über die Elbe den Hamburger Hafen anlaufen. Der Fähranleger von Glückstadt liegt etwas außerhalb, ein Abstecher in die Innenstadt, die vom Dänenkönig Christian IV. planmäßig angelegt wurde, lohnt aber. Sternförmig führen die Straßen der einstigen Garnisonsstadt vom Marktplatz ab. Glückstadt sollte im 17. Jahrhundert dem aufstrebenden Hamburg Konkurrenz machen.

Daraus ist nichts geworden. Man ernährte sich von Handel und Seefahrt. Zunächst waren es die Walfänger im 17. und 18. Jahrhundert, später die große Flotte der Heringsfischer, die die Glückstädter Fahne über die Weltmeere trugen. Glückstadts Heringsflotte gehört seit den siebziger Jahren der Geschichte an, doch der berühmte Matjesanbiß im Juni ist geblieben, wenn der erste junge Hering verkostet wird. Wer auf Matjesfilets steht, wird in Glückstadt schnell fündig, gleich mehrere Restaurants wissen die Fischspezialität hervorragend zuzubereiten. Vom Fähranleger führt die Strecke hinter dem Deich zur Stör, einem Nebenfluß der Elbe. Die Straße verläuft über das Sperrwerk, am anderen Ufer liegt das charmante Wewelsfleth. Früher fuhr hier eine Fähre. Die B431 läuft direkt am umstrittenen Kernkraftwerk Brokdorf vorbei und mündet hin-

Nr. km	Road	Position	Richtung	Information
21 / 8		St. Michaelisdonn	Meldorf	
22 / 1		St. Michaelisdonn	Meldorf	
23 / 11		Meldorf	[5] Heide	
24 / 1		Meldorf	Büsum, Wöhrden	
25 / 11		Wöhrden	Büsum, Wesselburen	
26 / 1		Wöhrden	St. Peter-Ording, Wesselburen	links nach Büsum
27 / 6		Wesselburen	Eidersperrwerk	
28 / 12		hinter dem Sperrwerk	Tönning	
29 / 10		Tönning	Husum, Heide	
30 / 2		Tönning	[202] St. Peter-Ording	St. Peter-Ording
31 / 1		Kotzenbüll	Oldenswort	
32 / 5		Oldehöft	Richtung [5]	
33 / 2		Kreuzung	[5] Husum	
34 / 4	5	Abzw. [202]	Husum	rechts nach Friedrichstadt
35 / 7	5	Umgehung Husum	Niebüll	links nach Husum, Innenstadt Hotel Theodor Storm Neustadt 60-66, Husum, Tel. 0 48 41/8 96 60
36 / 22	5	Bredstedt	Reußenköge	
37 / 1		Bredstedt-Bräist	Reußenköge	
38 / 1		Bredstedt-Bräist	Reußenköge	Thomsens Gasthof, Markt 13, Bredstedt, Tel. 0 46 71/14 13
39 / 1		hinter Bredstedt	Sönke-Nissen-Koog	
40 / 3		Sönke-Nissen-Koog	Schlüttsiel	

ter St. Margarethen auf der B5. Von der hohen Brücke über den Nord-Ostsee-Kanal sieht man, wie flach die Gegend hier ist. In Richtung Meldorf und Heide geht es jetzt nach Dithmarschen, das sich bis in 16. Jahrhundert als freie Bauernrepublik bezeichnete. Bis heute ist man zuerst Dithmarscher und dann Schleswig-Holsteiner.

In Meldorf war zum Zeitpunkt meiner Reise die B5 komplett aufgerissen und gesperrt, eine innerörtliche Umleitung führte über den Marktplatz. Der ist so nett, daß man auch, wenn die Straße wieder hergestellt ist, einen Abstecher in die Innenstadt machen sollte. Am Ort befindet sich übrigens das Schleswig-Holsteinische Landwirtschaftsmuseum mit historischen Traktoren, Mähmaschinen und anderen Gerätschaften. Die Straße nach Wöhrden und Wesselburen trifft auf halber Strecke die B203, die wir ein kurzes Stück nutzen. Wer auf der B203 weiterfährt, gelangt nach Büsum an die Nordseeküste. Ein lebhafter Hafen, ein grüner Strand – die Strandkörbe stehen auf den Deichwiesen – und die Möglichkeit zu ausgedehnten Spaziergängen machen Büsum zu einem beliebten Urlaubsziel.

Unsere Route führt aber weiter zum Eidersperrwerk, dem größten Sperrwerk, das an der deutschen Nordseeküste erbaut wurde. Es soll das Binnenland vor Sturmfluten schützen. Wenn das Wasser durch die Flußmündungen ins Land hinein gedrückt wird, macht man heute einfach die Schotten zu. Unumstritten sind die Sperrwerke nicht, Kritiker befürchten, daß sich durch die fehlenden Ablaufflächen der Druck des Meeres auf die übrigen Hochseedeiche verstärkt. Das benachbarte Tönning sieht aus, als sei es eine dänische Kleinstadt: niedrige Häuser, buckelige Gassen und ein bißchen Fischgeruch liegt auch in der Luft. Von der B5 nach Husum lohnt noch ein Abstecher ins fünf Kilometer entfernte Friedrichstadt. Herzog Friedrich III. von Gottorf gewährte hier holländischen Glaubensflüchtlingen Schutz. Sie legten Friedrichstadt am Zusammenfluß von Treene und Eider ganz nach heimischen Vorbildern an: Grachten durchziehen Friedrichstadt, als läge es in Holland. Friedrichstadt zählt zu den schönsten Orten Schleswig-Holsteins. Der Dichter Theodor Storm bezeichnete seine Heimatstadt Husum gern als „die graue Stadt am Meer". Vielleicht hat er dabei an die dicken Nebel gedacht, die sich im Herbst über das Marschland legen können, denn die Innenstadt hat durchaus Charme – nicht nur bei Sonnenschein. Zur Krokusblüte kommen die Touristen in Scharen, sonst ist Husum eher ruhig. Bis Niebüll sind es auf der B5 nur noch 45 Kilometer, wir fahren jedoch durch die Köge. Ein Koog ist ein dem Meer abgerungenes, eingedeichtes und landwirtschaftlich nutzbar gemachtes Stück Land. Früher wurden die Köge planmäßig besiedelt, dies sieht man im Cecilienkoog genauso wie im Sönke-Nissen-Koog: Ein Bauernhaus

Am Glückstädter Hafen stehen zahlreiche Häuser aus der Gründerzeit, als der Heringsfang noch ein ertragreiches und einkömmliches Geschäft war.

Nr./km	Road	Position	Richtung	Information	
41 / 9		Ockholm	Schlüttsiel, Dagebüll ←		
42 / 1		Ockholm	→ Munksbrück, Bongsiel		
43 / 4		Munksbrück	Dagebüll ←		
44 / 1		Waygaard	→ Risum-Lindlum		
45 / 7		Risum-Lindlum	Niebüll ←		
46 / 4		Niebüll	← Zentrum		
47 / 1		Niebüll	→ Zentrum Süd		
48 / 3		Niebüll-Süd	Bahnverladung Sylt ←	Zimmervermittlung Sylt, Tel. 0 45 61/2 24 50	→

holm verläuft unsere Strecke nach Waygaard an solchen Entwässerungskanälen entlang. Wer zu den Inseln Föhr und Amrum möchte, muß den Schildern nach Dagebüll folgen, wo die Fähren für diese Inseln ablegen. Die Mitnahme von Motorrädern auf die Inseln kann nicht empfohlen werden, die Fährpassage wird künstlich teuer gehalten, weil man keinen Fahrzeugverkehr auf den Urlaubsinseln wünscht. Niebüll, das Ziel der Tour, ist nicht weiter aufregend, aber hier befindet sich die Autoverladung nach Sylt. Einen Umweg kostet die Fähre, die von der dänischen Insel Rømø nach List auf Sylt verkehrt. Dafür kann man noch

gleicht dem anderen, weißes Haus und grünes Dach war damals üblich. Das Land hier muß ständig entwässert werden. Bei Ock-

der pittoresken dänischen Stadt Ribe und dem Emil-Nolde-Museum in Seebüll einen Besuch abstatten.

WEITERFÜHRENDE INFORMATIONEN

 Günstige Übernachtung

Gasthaus zu Störmündung
Am Neuendeich
Ivenfleth
Tel. 0 41 24/8 91 41

Edith Bender (Privatzimmer)
Großwisch 13
Wewelsfleth
Tel. 0 48 29/92 98

Hotel Theodor Storm
Neustadt 60 – 66
Husum
Tel. 0 48 41/8 96 60

Thomsens Gasthof
Markt 13
Bredstedt
Tel. 0 46 71/14 13

 Auskunft

Bremer Touristik-Zentrale
Hillmannplatz 6
28195 Bremen
Tel. 04 21/3 08 00-0
Fax 04 21/3 08 00-30

Tourismusverband Schleswig-Holstein
Niemannsweg 31
24105 Kiel
Tel. 04 31/5 60 01 00
Fax 04 31/56 98 10

Bädergemeinschaft Sylt
Stephanstraße 6
25961 Westerland
Tel. 0 45 61/2 24 50

DURCH DAS ALTE LAND BIS NACH OSTFRIESLAND: VON HAMBURG BIS JEVER

 Ausgangsort
Hamburg-Moorburg

 Zielort
Jever

 Gesamttourenlänge
260 km

 Zeitbedarf
1 Tag

 Anschluß
Tour 12 durch Ostfriesland

Sehenswertes
Altes Land: Bauernhöfe, Apfelblüte; Jork: Rathaus; Borstel: Kirche; Jever: Schloß

 Kurzbeschreibung
Das Alte Land ist besonders im Frühjahr zur Apfelblüte eines der beliebtesten Ausflugsziele der Hamburger. Hinter alten und neuen Deichen geht es an der Elbe entlang bis kurz vor Cuxhaven. Durch die Wingst führt die Strecke vorbei am Deutschen Olymp, mit 53 Metern fast die höchste Erhebung der Tour. Auf wenig befahrenen Straßen geht es zur Weserfähre nach Sandstedt. Vom anderen Ufer verläuft diese gemütliche Flachlandtour bis nach Jever, wo Anschluß an die Ostfrieslandrunde besteht.

Kanäle durchziehen das Tiefland zwischen Weser und Ems. Neben der Entwässerung dienen die größeren auch der Schiffahrt.

Wer aus Hamburg hinaus will, muß zuvor aus Richtung Innenstadt das Nadelöhr Elbtunnel passieren. Bei dichtem Verkehr auf der A7 und guter Sicht lohnt sich ein Ausweichen von der City über die alten Elbbrücken und die Köhlbrandbrücke im Freihafen zur Anschlußstelle Hamburg-Waltershof. Die witzigste Variante: In Hamburgs Innenstadt zu den Landungsbrücken fahren und dort den alten Elbtunnel benutzen. Mit einem hölzernen Pkw-Aufzug geht es unter die Elbe zu den beiden Tunnelröhren, die mit Jugend-

ROADBOOK: Motorradtouren in Norddeutschland

Tour 11 — Region: Altes Land und Ostfriesland / Etappe: Hamburg – Jever — Karte: Generalkarte Deutschland, Bl. Nr. 2, 3/4

Nr./km	Road	Position	Richtung	Information
1	A7	Abfahrt Hamburg-Moorburg	Finkenwerder Neugraben ←	
2 / 0,7		Industriegebiet	Cranz Neuenfelde Finkenwerder ↓	
3 / 1,5		Moorburg	Cranz Neuenfelde ←	
4 / 2,5		Hohenwisch	Cranz Neuenfelde ←	
5 / 7		Neuenfelde	Jork ↑	
6 / 5		Hove	Jork ↑	
7 / 3,5		Jork Rathaus	Borstel →	Rathaus [icon]
8 / 1		Borstel	Lühe ↓	Kirche [icon]
9 / 6		Grünendeich	Stade ↑	Lühe-Anleger [Biker]
10 / 8		Abzw. Stade	Wischhafen ←	
11 / 22		Neuland	495 Wischhafen ↑	Ab hier gemeinsam mit Tour 10
12 / 4	495	Wischhafen	Freiburg ↑	[V] rechts zu Tour 10
13 / 24	13	Kreuzung 73 Abzweig Cuxhaven	73 Stade ←	rechts nach Cuxhaven, Hotel Deutsches Haus, Altenbrucher Bahnhofstraße 2, Cuxhaven-Altenbruch, Tel. 0 47 22/3 11
14 / 3	73	Cadenberge	Stade ↑	
15 / 4	73	Wingst	Wingst Dobrock →	
16 / 1		Wingst	innerorts ↓	
17 / 2		Wingst	Bülkau ↑	
18 / 2,5		Abzw. Lamstedt	Bülkau →	
19 / 5		Abzw. Cadenberge	Bülkau ↑	
20 / 4		Bülkau	Bederkesa ←	

stilkacheln ausgekleidet sind. Am anderen Ufer geht es vorbei an ehemaligen Werften durch den Freihafen mit seinen zahlreichen Schuppen und Lagerhäusern zur Köhlbrandbrücke. Bei starkem Wind heißt es vorsichtig sein auf der 54 Meter hohen und knapp vier Kilometer langen Brücke, die Teile des Hafens überspannt. In Waltershof verläßt man an der Zollstation den Freihafen wieder und gelangt entweder auf die A7 oder stößt von Norden her in Richtung Moorburg auf die Strecke.

Wer wie vorgeschlagen die A7 an der Abfahrt Moorburg verläßt, muß zunächst kurz durch das Industriegebiet kreuzen, bevor die alte Bebauung der Elbmarschen mit den geduckten Bauernhäusern hinterm Deich auftaucht. Wir folgen der Straße über Francop und Neuenfelde nach Jork, die etwas hinter der neuen Deichlinie verläuft. Parallel führt die Straße von Finkenwerder über Cranz, auf die wir aber erst hinter Borstel stoßen. Wenn zur Apfelblüte an einem sonnigen Wochenende halb Hamburg auf den Rädern ist, kann dies eine Alternative sein. Das traditionsreiche Fischerdorf Finkenwerder wird es nicht mehr lange geben, denn nach den Plänen des Hamburger Senats soll der Ort zugunsten neuer Hafenflächen plattgemacht werden. Jork ist das Zentrum des Alten Landes, das vor allem durch seine Apfelplantagen reich wurde. Wohlhabende, üppig verzierte Bauerhöfe mit weißem Fachwerk säumen die Straßen, das Rathaus von Jork ist

ebenfalls imposant. Es stammt aus der Mitte des 17. Jahrhunderts, augenfällig ist vor allem die prächtige Brauttür von 1823. Direkt hinter dem Rathaus führt rechts die Straße nach Borstel, das Schild kann leicht von vorausfahrenden Fahrzeugen verdeckt werden. Die Kirche von Borstel mit ihrem Holzturm ist ebenso wie die von Jork für Hochzeiten ausgesprochen beliebt. Hier geben sich nicht nur Altländer, sondern auch viele Hamburger das Ja-Wort. Unsere Strecke führt zur Elbe, ein Blick über den

Im Flachland zwischen Elbe und Weser zerrt der Westwind so lange an den Bäumen, bis sie sich alle gemeinsam nach Osten neigen.

81

Nr. km	Road	Position	Richtung	Information
21 / 13		Abzw. Otterndorf	Bederkesa Bremerhaven ←	
22 / 7		Bederkesa	Bremervörde Beverstedt ←	
23 / 2		Bederkesa	Beverstedt ↑	
24 / 23		Beverstedt	71 Bremervörde ←	
25 / 0,1	71	Beverstedt	Hagen Fähre Sandstedt →	
26 / 17		Hagen	Fähre Sandstedt Brake →	
27 / 9		Sandstedt	Weserfähre Brake →	
28 / 1		Sandstedt	Weserfähre Brake ←	
29 / 1		Weserfähre		Fähre tagsüber Pendelverkehr abends halbstündl. 4,50 DM
30 /		Fähranleger	Brake ↑	
31 / 3,5		Kreuzung 212	212 Rodenkirchen →	
32 / 6	212	Rodenkirchen	437 Varel ←	
33 / 25	437	Varel	Friedeburg ↑	Nach 6 km rechts nach Dangast [Biker]
34 / 1	437	Varel Kreuzung A29	Friedeburg ↑	Friesenhof Neumarkt 4-6, Varel Tel. 0 44 51/92 50
35 / 22	437	Strudden	436 Wittmund ←	
36 / 0,5	436	Friedeburg	Wittmund →	
37 / 11		Rispel	Jever →	
38 / 10		Jever	Stadtmitte ←	Schloß Brauerei
39 / 2		Jever	Wilhelmshaven Stadtmitte Schloß ←	Hotel Pellmühle Mühlenstraße 55 Jever, Tel. 0 44 61/9 30 00

**Freie Sicht bis zum Horizont und vor dem Rad nur
das Band der Straße ... Manchmal kommt auf den
langen Geraden echtes Highway-Feeling auf.**

Deich zeigt, wie breit der Strom hier schon ist. Beliebter Motorrad-Treffpunkt ist der Lühe-Anleger, wo Personenfähren und ein schneller Katamaran nach Hamburg ablegen. Auf dem großen Parkplatz beim Lühe-Sperrwerk treffen sich an Wochenenden und auch unter der Woche abends nicht nur Motorradfahrer, sondern auch Wohnmobilisten und viele Ausflügler, um den Schiffsverkehr zu beobachten und um zu klönen.

Das nächste Ziel heißt Stade. Die einst wichtige Handels- und Garni-

sonsstadt ist bundesweit meist wegen des altersschwachen Kernkraftwerks bekannt, während die sehenswerte historische Innenstadt nur im näheren Umland einen gewissen Bekanntheitsgrad genießt. Geprägt ist Stade sehr stark von der Zeit, als es nach dem Dreißigjährigen Krieg zu Schweden gehörte (1645–1712) und von hier aus die Herzogtümer Bremen und Verden regiert wurden. Nicht ohne Grund: Am gegenüberliegenden Ufer der Elbe hatte der dänische König Christian IV. 1617 Glückstadt planmäßig als Garnisonsstadt anlegen lassen, um Hamburg im Elbhandel das Wasser abzugraben. Wenn wir von Stade aus weiter an der Elbe entlang über Drochtersen nach Wischhafen fahren, können wir mit der Fähre nach Glückstadt übersetzen, um die ehemaligen Konkurrenten zu vergleichen, denn in Wischhafen kreuzen sich die Touren 10 und 11.

Tour 11 führt durch immer stillere Gegenden weiter in Richtung Cuxhaven, das einen Abstecher wert ist. Gruppen macht es viel Spaß, mit dem Pferdegespann durch das Watt zu den Inseln Neuwerk und Scharhörn zu fahren, die übrigens beide verwaltungsmäßig zu Hamburg gehören. Vom Anleger „Alte Liebe" legen die Bäderschiffe nach Helgoland ab. Wir fahren aber auf zwei Rädern zum zweithöchsten Punkt der Elbmarschen,

dem „Deutschen Olymp" in der Wingst. Seine rekordverdächtigen 53 Meter werden nur vom benachbarten Silberberg mit 74 Metern übertroffen. Da das Flachland drumherum im Schnitt weniger als einen Meter über dem Meeresspiegel liegt, akzeptieren wir die Wingst doch einfach mal als Mittelgebirge. Zumindest bietet der dichte Laubwald dem Auge eine Abwechslung in der platten Marsch mit ihren weiten Feldern und windschiefen Bäumen.

Durch das „Wilde Moor" geht es über die Dörfer nach Bad Bederkesa, einem schnuckeligen Kurort. In Bederkesa bietet sich ein Abstecher nach Bremerhaven an, das zwar nicht schön ist, aber über ein interessantes Schiffahrtsmuseum verfügt. Netter zu fahren ist aber die Landstraße nach Beverstedt, die am Hohen Berg (29 m) vorbei führt (Norddeutsche sind halt bescheiden). Von Beverstedt aus, wo die Route kurz erst links und dann rechts über die B71 verschwenkt, ist die Weserfähre in Sandstedt ausgeschildert, man kann sich kaum verfahren. Die Fähre verkehrt tagsüber im Pendelverkehr, abends halbstündlich und nachts zumindest stündlich, man kommt also immer über die Weser, außer wenn extremes Hoch- oder auch Niedrigwasser den Betrieb der Fähre unmöglich macht.

Das Stück zwischen Weser und Jadebusen ist schnell zurückgelegt, die Bundesstraße läuft ausgesprochen flott, wobei mir hier seit langem die erste Radarkontrolle auffiel, die die Einhaltung von Tempo 100 auf der Bundesstraße überwachte. Die langen Geraden verlocken zum Dreh am Gasgriff und Autofahrer zum Tritt aufs rechte Pedal. In Varel kann man nach Dangast abbiegen, wo der sommerliche Motorradtreff mit einem Fahrverbot für Motorräder an Wochenenden unterbunden werden soll. Bis nach Jever sind es nur noch gut 30 km, dort ist man gastfreundlicher. Über ein Teilstück der Deutschen Küstenstraße und eine kleine Landstraße nähern wir uns der Bierstadt, wo Anschluß an die große Ostfrieslandrunde besteht.

WEITERFÜHRENDE INFORMATIONEN

 Günstige Übernachtung

Hotel Deutsches Haus
Altenbrucher Bahnhofstraße 2
Cuxhaven-Altenbruch
Tel. 0 47 22/3 11

Friesenhof
Neumarkt 4–6
Varel
Tel. 0 44 51/92 50

Hotel Pellmühle
Mühlenstraße 55
Jever
Tel. 0 44 61/9 30 00

 Auskunft

Fremdenverkehrsverband Landkreis Stade
Am Sande 1
21682 Stade
Tel. 0 41 41/92 10 61

Fremdenverkehrsverband
Nordsee-Niedersachsen-Bremen
Bahnhofstraße 19 – 20
26104 Oldenburg
Tel. 04 41/92 17 10

DURCH OSTFRIESLAND UND DIE MOORE DES FEHNLANDES: VON JEVER BIS WILDESHAUSEN

Ausgangsort
Jever

Zielort
Wildeshausen

Gesamttourenlänge
260 km

Zeitbedarf
1 Tag

Anschluß
Zubringer von Hamburg ist Tour 11, Zubringer vom Ruhrgebiet ist Tour 13, weiterführende Anschlüsse bestehen nicht, doch kann man über Bassum nach Nienburg und Celle gelangen, dort besteht Anschluß zu den Touren 14 (Hamburg – Kassel), 7 (Kassel – Celle) und 8 (Celle – Lübeck)

Sehenswertes
Jever: Schloß, Brauerei; Carolinensiel: Sielhafenmuseum; Neuharlingersiel: Buddelschiff-Museum; Norden: Teemuseum; Emden: Kunsthalle; Elisabethfehn: Moor- und Fehnmuseum

Kurzbeschreibung
Langgezogene Kurven gibt es nur dort, wo der Deich einen Knick macht oder ein Kanal im Weg ist. Ansonsten geht es schnurgeradeaus durch eine bemerkenswerte Kulturlandschaft.

Ostfriesenwitze sind out, obwohl Otto sich bemüht, sie wieder zum Leben zu erwecken. Vielleicht sind ja inzwischen genügend Urlauber im Norden gewesen, um sich davon zu überzeugen, daß die Leute hier ganz normal sind – von ein paar Ausnahmen abgesehen. Wichtigstes Unterscheidungsmerkmal zum Durchschnittsdeutschen ist der Teeverbrauch, während Kaffeetrinken fast schon gegen die guten Sitten verstößt. Pro Kopf liegt der durchschnittliche Jahresverbrauch an Tee in Ostfriesland bei drei Kilo-

Die Doppel-Windmühlen von Greetsiel gehören zu den am meisten fotografierten Motiven Ostfrieslands.

ROADBOOK: Motorradtouren in Norddeutschland

Tour 12	Region: Ostfriesland und Fehnland Etappe: Jever – Wildeshausen		Karte: Generalkarte Deutschland, Bl. Nr. 3/4
Nr. km	**Road**	**Position**	**Richtung**	**Information**

Nr./km	Road	Position	Richtung	Information
1		Jever, Parkplatz am Schloß	210 ← Wittmund	Hotel Pellmühle, Mühlenstraße 55, Jever, Tel. 0 44 61/9 30 00
2 / 0,2	210	Jever	→ Hohenkirchen	
3 / 4		Abzw. nach Hooksiel	→ Hooksiel	
4 / 6		vor Hooksiel	Hornumersiel ←	
5 / 6		Altendeich	→ Hornumersiel	
6 / 1		Hornumersiel	Schillig →	Hafen Hornumersiel: Blick auf Jade, mehrere Einkehrmöglichkeiten im Ort
7 / 1		vor Schillig	Jever, Carolinensiel →	
8 / 8		Abzw. nach Carolinensiel	→ Carolinensiel	
9 / 4		Abzw. nach Carolinensiel	→ Carolinensiel	
10 / 3		Carolinensiel	↑ 461 Wittmund, Neuharlingersiel	
11 / 0,4		Carolinensiel	→ Neuharlingersiel	
12 / 8		hinter Neuharlingersiel	→ Bensersiel	Bauernstuben, Groß-Holum 10, Neuharlingersiel, Tel. 0 49 74/6 25
13 / 8		Bensersiel	→ Norddeich	
14 / 11		Dornumergrode	↑ Norddeich	
15 / 5		Neßmersiel	↑ Norddeich	
16 / 5		Abzw. Hage	↑ Norddeich	
17 / 10		Norden-Neustadt	72 → Norden	
18 / 2	72	Norden	→ Greetsiel	
19 / 5		Norden-Westermarsch	Greetsiel ←	
20 / 6		Leybuchtpolder	→ Greetsiel	

gramm, im Rest Deutschlands bei 170 Gramm. Das Teezeremoniell – Tee trinkt man nicht einfach so! – beginnt mit ein oder zwei Kluntjes (Kandiszucker-Stücken) in der Tasse, gefolgt von einem kräftigen Aufguß. Zum Abschluß wird ein „Wulkje" Sahne mit dem Löffel hineingelegt, nicht etwa gegossen! Der Löffel dient nicht nur zum Hineinlegen des Wölkchens Sahne, er hat auch Signalwirkung. Liegt er auf der Untertasse, wird nachgeschenkt, steht er in der Tasse, möchte man nichts mehr. Nur

Am Hafen von Hornumersiel kann man auf der Jade den Schiffsverkehr nach Wilhelmshaven beobachten.

zum Umrühren wird der Löffel nicht gebraucht, das tut man nicht. Teetrinken braucht Zeit, und die scheint man hinter dem Deich zu haben. Mag sein, daß daher der Ruf der Ostfriesen stammt, sie seien langsam. Daß es hier nicht hektisch zugeht, tut im Urlaub aber nur zu gut.

Ausgangspunkt der Tour ist Jever, bekannt durch das herbe Pils, das auch noch hier im Stammhaus gebraut wird. Um Mißverständnissen vorzubeugen: Der Leuchtturm, der in so vielen Werbespots der Brauerei auf-

tauchte, steht in Schleswig-Holstein. Neben der Brauerei ist natürlich auch das Schloß eine Besichtigung wert. Auf kleinen Straßen geht es aus dem Ort hinaus an Hooksiel vorbei nach Hornumersiel, wo ein Blick über den Deich lohnt. Mächtige Öltanker schieben sich regelmäßig auf der Jade zum Ölhafen nach Wilhelmshaven. Der Deich wird auf den nächsten hundert Kilometern regelmäßig rechterhand auftauchen, denn wir fahren die Ostfriesland-Runde voll aus.

Vom Hafen Carolinensiel gehen die Fähr-

Nr. km	Road	Position	Richtung	Information
21 / 5		Greetsiel	Emden ←	Café in der Mühle, Ortsdurchfahrt gesperrt, Parkplätze am Ortseingang
22 / 4		Eilsum	→ Emden	
23 / 1		Jennelt	Emden ←	
24 / 8		Hinte	Emden ←	
25 / 4		Hinte	→ 210 Emden	
26 / 2		Emden, Kreuzung A 31	A 31, Leer ←	Hotel Prinz Heinrich, Wolthuser Straße 17, Emden, Tel. 0 49 21/9 31 80; Hotel Großer Kurfürst, Neutorstraße 41, Emden, Tel. 0 49 21/2 03 03
27 / 3	A 31	Kreuz Emden-Ost	→ 210	
28 / 2	210	Emden-Ost	Borßum, Oldersum ←	
29 / 10		Oldersum	→ Rorichum, Neermoor	
30 / 6		Terborg	Neermoor ←	
31 / 3		Neermoor	↑ 70 Richtung A 31	
32 / 1	70	Neermoor, Kreuzung A 31	↑ Warsingfehn	
33 / 1		Warsingfehn	→ Veenhusen	
34 / 2		Veenhusen	Hesel ←	
35 / 8		Hesel	↑ 72 Cloppenburg	
36 / 6	72	Kreuzung A 28	↑ Cloppenburg	
37 / 14	72	72 Ausfahrt Strücklingen	→ 2 x re. Barßel	
38 / 1		Strücklingen	Westerstede, Barßel ←	
39 / 7		Barßel	↑ Friesoythe	
40 / 12		Kreuzung 401	401 Oldenburg ←	

Mehr Touristen als Krabben: In den Häfen an der Küste herrscht ein reges Treiben.

schiffe nach Wangerooge ab, jede der ostfriesischen Inseln hat ihren eigenen Festlandshafen, nur von Norden kommt man sowohl nach Norderney als auch nach Juist. Carolinensiel ist ein hübscher Ort, das örtliche Sielhafen-Museum befindet sich in dem

alten Speicher „Mammens Groot Huus" am Hafen. Die Fischkutter hier gehen überwiegend auf Krabbenfang, die Garnelenart, die gefangen wird, heißt Granat. So kam die ostfriesische Küste zu dem Beinamen „Costa Granata". Im benachbarten Neuharlingersiel bewundern wir im Buddelschiff-Museum die Fingerfertigkeit der ..., ja wie heißen die Erbauer von Buddelschiffen eigentlich? Buddelschiff-Kapitäne? Früher waren es See-

leute, die sich mit diesem Hobby im Winterhalbjahr oder im Alter beschäftigten. Heute gibt es nur noch wenige, die die Kunst beherrschen, in der Flasche ein Schiffsmodell unterzubringen.
Die Straßen hinterm Deich laufen flott, meist geht es geradeaus, doch die Landschaft strahlt eine Ruhe aus, die sich auf den Fahrer überträgt. Hier gleitet es cruisermäßig, nur keine falsche Hektik in Ostfriesland! Vor-

Nr. km	Road	Position	Richtung	Information
41 / 7	401	Edewechterdamm	Oldenburg	
42 / 11	401	Scharrel	Wardenburg	
43 / 5		Westerholt	Wardenburg	
44 / 0,4		Westerholt	Wardenburg	
45 / 2		Wardenburg	Ahlhorn	
46 / 0,7		Wardenburg	Ahlhorn	
47 / 3		nach Wardenburg	Wildeshausen	
48 / 8		Huntlosen	Wildeshausen	
49 / 0,8		Huntlosen	Wildeshausen	
50 / 13		Wildeshausen	213 Delmenhorst, A7	Schützenhof Unter den Linden, Rittrumer Kirchweg 6, Dötlingen, Tel. 0 44 33/3 62
51 / 2	213	Wildeshausen	Delmenhorst, A7	
52 / 1	213	A 7, Auffahrt Wildeshausen-Nord		

Durch seine Zwillingswindmühlen ist das niedliche Fischerdorf zur Attraktion geworden. Um nicht vom Besucheransturm erdrückt zu werden, hat man die Durchfahrtsstraße für Besucher gesperrt, geparkt wird am Ortseingang. Wer einmal zu Fuß durch Greetsiel spaziert ist, wird es zu schätzen wissen, daß man die Autos aus dem Dorf verbannt hat.

In Emden fungiert die Autobahn als Umgehungsstraße. Deshalb ist die Tour im Roadbook ein kurzes Stück über die Autobahn beschrieben. Wer in die Heimatstadt des Blödelbarden Otto hineinfahren möchte, kann beruhigt sein: Die Ortsdurchfahrt durch Emden in Richtung Borßum und Oldersum ist recht einfach zu finden, im Prinzip geht es geradeaus. Emdens Hauptattraktion ist die Kunsthalle. Der frühere Chefredakteur des „Stern", Henri Nannen, war ein großer Kunstliebhaber. Er vermachte seine Sammlung moderner Kunst seiner Heimatstadt Emden, die so zu einer international bedeutenden Kunsthalle kam.

Wir wollen nun ins Fehngebiet, die unzugängliche Moorlandschaft, die Ostfriesland lange vor Angriffen vom Binnenland her schützte. Dazu biegen wir bei Warsingfehn nach Hesel ab, wo wir auf die B72 treffen. Schnurgerade und breit ausgebaut verläuft die Bundesstraße zwar schnell, aber etwas langweilig. Bei Strucklingen geht es hinein in die Fehnlandschaft, die in Elisabethfehn kurz vor Barßel im örtlichen Moor- und Fehnmuseum gut erklärt wird. Über Jahrhunderte war es eine ärmliche und schwere Arbeit, die Moore trockenzulegen. Der Torfabbau nährte kaum die Menschen, die hier lebten.

sicht ist geboten, wenn ein Achtung-Schild am Straßenrand mit dem Zusatz „Boßeln" auftaucht. Der friesische Volkssport wird auf der Straße gespielt. Für Nichtfriesen: Es handelt sich um eine Art Weitkegeln ohne Kegel, dafür aber mit der Kugel regelmäßig im Graben. Auch die Ausgabe hochprozentiger Getränke am Wegesrand ist nicht unüblich.

Wer mehr über Tee erfahren möchte, ist im Teemuseum von Norden richtig. Die Geschichte des Imports über Holland ist ebenso ein Thema wie das feine Porzellan und die Zeremonie beim Zubereiten. Wir biegen in Norden in Richtung Greetsiel ab, der wohl meistfotografierte Ort Ostfrieslands.

90

Klappbrücken sorgen für den Interessenausgleich zwischen Schiffern und Autofahrern.

Die B401 ist keine Offenbarung für Motorradfahrer, doch die wichtigste Querverbindung in Richtung Bremen. Wer schnell nach Bremen möchte, sollte sie geradeaus über Oldenburg bis zum Autobahnanschluß an der A28 nutzen. Wer eilig nach Westen will, kann bei Wardenburg auf die A29 Richtung Osnabrück fahren. Und wer in Richtung Hamburg oder Hannover möchte, folgt dem Roadbook bis Wildeshausen an der A1. Kurz zuvor verläßt die Strecke das Flachland und erklimmt die Höhe der Wildeshauser Geest, unschwer zu erkennen an dem lichten Mischwald. Von Wildeshausen kommt man über Bassum auf schönen Straßen bis Nienburg und Celle, wo Anschluß an die Touren 7, 8, und 14 besteht. Hamburg ist über Bassum, Verden und Soltau auf Nebenstraßen zu erreichen.

WEITERFÜHRENDE INFORMATIONEN

 Günstige Übernachtung

Hotel Pellmühle
Mühlenstraße 55
Jever
Tel. 0 44 61/9 30 00

Bauernstuben
Groß-Holum 10
Neuharlingersiel
Tel. 0 49 74/6 25

Hotel Prinz Heinrich
Wolthuser Straße 17
Emden
Tel. 0 49 21/9 31 80

Hotel Großer Kurfürst
Neutorstraße 41
Emden
Tel. 0 49 21/2 03 03

Schützenhof Unter den Linden
Rittrumer Kirchweg 6
Dötlingen
Tel. 0 44 33/3 62

 Auskunft

Fremdenverkehrsverein für
den Landkreis Aurich-Ostfriesland
Fischteichweg 7 – 13
26603 Aurich
Tel. 0 49 41/1 64 45
Fax 0 49 41/1 69 80

Interessengemeinschaft Deutsche Fehnroute
Friesenstraße 34 – 36
26789 Leer
Tel. 04 91/6 66 40

Durch das Münsterland und an der Ems entlang: von Dorsten nach Leer

 Ausgangsort
Dorsten

 Zielort
Leer

 Gesamttourenlänge
240 km

 Zeitbedarf
1 Tag

 Anschluß
Tour 12 in Leer

 Sehenswertes
Raesfeld: Wasserschloß; Ahaus: Wasserschloß; Metelen: Vogelpark; Haren: Ferienzentrum
Schloß Dankern, Wasserskianlage; Lathen: Versuchsstrecke Transrapid; Papenburg: Altstadt

 Kurzbeschreibung
Diese Tour ist eine reine Zubringerstrecke
nach Ostfriesland für diejenigen, die keine Lust
aufs Autobahnfahren haben. Sie führt durch das
westliche Münsterland und anschließend durch das
Emsland auf langen, geraden Straßen.

**Am Dankernsee kann man sich von einer
Wasserskianlage rund um den See ziehen
lassen oder eine Badepause einlegen.**

Ehrlich gesagt ist diese Strecke nicht unbedingt der Hit für Motorradfahrer. Aber wer
hat schon Lust, sich über die permanent
überfüllte A1 vom Kamener Kreuz nach Norden zu quälen! Natürlich wäre es möglich,
durchgehend auf der B70 von Borken bis
Leer durchzuziehen. Wer so fährt, schafft die
Strecke locker an einem halben Tag. Aber
wenn man schon durch diese platte Gegend
fährt, sollte man doch probieren, die netten
Winkel auch mitzunehmen. Und davon gibt
es mehr, als man zunächst denkt.
Der Tourstart erfolgt verkehrstechnisch günstig von der A52 nördlich von Gelsenkirchen
an der Abfahrt Hassel. Hinter Dorsten ändert
sich mit dem Überqueren von Lippe und
Weser-Datteln-Kanal das Landschaftsbild;
die B242 führt durch den Naturpark Hohe

Mark. Wer aus Richtung Oberhausen oder Krefeld kommt, findet hier den passenden Toureinstieg an der A31, Abfahrt Schermbeck. Durch den Wald geht es nach Raesfeld. Das Münsterland ist für seine zahlreichen Schlösser bekannt. Dazu zählt beispielsweise das Wasserschloß von Raesfeld, das mit einer barocken Kapelle im 17. Jahrhundert anstelle einer Burg aus dem 12. Jahrhundert errichtet wurde. Der strenge Turm des Schlosses wurde einmal als „gefrorener Trompetenstoß" bezeichnet. Das Schloß in Borken dient heute als Jugendbildungsstätte des Bistums Münster. Auf der B70 geht es nun zügig Richtung Norden, hier kann man die Maschine gut laufen lassen. Das 30 Kilometer entfernte Ahaus ist von Borken in einer knappen halben Stunde erreicht. Auch hier findet sich ein barockes Wasserschloß, das allerdings nur von außen besichtigt werden kann.

In Metelen können Kunstsinnige den kostbaren Kirchenschatz des Klosters bestaunen. Als Alternative bietet sich der große Vogelpark an. Außerdem gibt es in dem kleinen Ort noch ein Eisenbahnmuseum, das im ehemaligen Bahnhof Metelen-Land untergebracht ist. Es liegt nahe der B70 etwa drei Kilometer nördlich von Metelen. Bei Neuenkirchen biegen wir dann von der B70 ab, um uns auf Nebenstraßen durch das Emsland zu schlagen. Das kostet zwar etwas mehr Zeit, ist aber gemütlich und fahrerisch abwechslungsreicher als die schnurgerade B70.

Über Salzbergen und Emsbüren nähern wir uns der Ems, die sich hier noch als Flüßchen

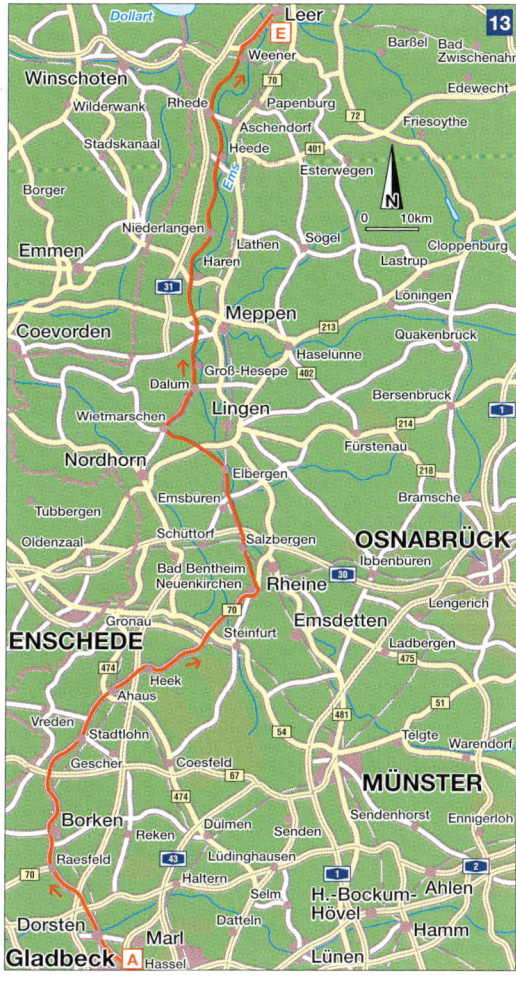

durch die Au windet. Das wird sich in ihrem Verlauf noch ändern, ab Papenburg wird der Fluß ständig vertieft, damit die Meyer-Werft die dort gebauten Kreuzfahrtschiffe der Superklasse bis in die Nordsee überführen kann. Wir bleiben auf Nebenstraßen zwischen der Ems und der Grenze zur Niederlande. In Groß-Hesepe gibt es ein Moor-Museum, das einen kurzen Stop lohnt. Nahe

Nr. km	Road	Position	Richtung	Information
ROADBOOK: Motorradtouren in Norddeutschland				
Tour 13 — Region: Münsterland, Ems, Ostfriesland; Etappe: Dorsten – Leer — Karte: Generalkarte Deutschland, Bl. Nr. 3/4, 6, 8				
1		A 52 Abfahrt Gelsenkirchen-Hassel	224 Dorsten	
2 / 7	224	Dorsten	Borken ←	
3 / 0,2	224	Dorsten	Borken →	
4 / 1	224	Dorsten	Borken, Raesfeld ←	
5 / 5	224 / 58	Kreuzung	70 Borken ↑	Toureinstieg von A 31, Abfahrt Schermbek möglich
6 / 9	224	Raesfeld	70 Borken ↑	Wasserschloß
7 / 8		Kreuzung Abzw. nach Osten	Borken, Ahaus ↑	
8 / 2	70	Kreuzung 67 Abzw. nach Westen	Borken, Ahaus ↑	
9 / 10	70	Kreuzung 525	Borken, Ahaus ↑	
10 / 20	70	Ahaus, Kreuzung 474	Rheine ↑	Wasserschloß
11 / 8	70	Kreuzung A 31, Heek	Rheine ↑	
12 / 1	70	Heek	Rheine →	
13 / 1	70	Heek	Rheine ←	Metelen: Vogelpark
14 / 25	70	Neuenkirchen, Ortsausgang	Salzbergen ←	
15 / 9		Salzbergen	Lingen/Ems ↑	
16 / 0,4		Salzbergen	Lingen/Ems →	
17 / 0,3		Salzbergen	Lingen/Ems ←	Abzweig hinter Bahntunnel
18 / 8		Emsbüren-Leschede	Lingen, Elbergen ↑	
19 / 1		hinter Leschede	Lingen, Elbergen →	
20 / 5		Elbergen	Wietmarschen ←	

WEITERFÜHRENDE INFORMATIONEN

Günstige Übernachtung
Hotel Hagen
Wesuweer Straße 40
Haren
Tel. 0 59 32/7 29 90

Sophien-Café
Heisfelder Str 78
Leer
Tel. 04 91/92 78 60

Auskunft
Münsterland Touristik
Hohe Schule 13
48565 Steinfurt
Tel. 0 25 51/93 92-0
Fax 0 25 51/93 92-93

Am Wasserschloß Dankern befindet sich ein Freizeitpark – ein schönes Ziel für bikende Familien.

Nr./km	Road	Position	Richtung	Information
21 / 7		Kreuzung 213	↑ Neuenhaus, Wietmarschen	
22 / 8		Wietmarschen	↱ Meppen, Dalum	
23 / 5		Abzw. nach Lingen	↑ Meppen, Dalum	
24 / 6		Dalum, Ortsausgang	↰ Meppen, Groß Hesepe	
25 / 11		Abzw. Meppen, Twist	↑ Haren, Fullen	
26 / 5		Kreuzung 402	↑ Haren, Wesuwe	
27 / 8		Haren	↱ Weener	Hotel Hagen, Wesuweer Straße 40, Haren, Tel. 0 59 32/7 29 90
28 / 0,2		Haren, Kreuzung 408	↑ Oberlangen, Landegge, Weener	Ferienzentrum Schloß Dankern
29 / 0,3		Haren	↰ Weener, Landegge	Achtung, unübersichtlich! Abzweig hinter Kanalbrücke
30 / 9		Niederlangen	↰ Heede, Sustrum	rechts nach Lathen, Versuchsstrecke Transrapid
31 / 1,5		hinter Niederlangen	↱ Weener, Sustrum	
32 / 5		Sustrum	↑ Weener, Heede	
33 / 9		Kreuzung 401	↑ Weener, Heede	
34 / 1		Heede	↑ Rhede, Borsum	
35 / 9		Ortseingang Rhede	↑ Weener, Brual, Winschoten, 2. Ausfahrt Kreisverkehr	
36 / 0,5		Rhede, Abzweig Aschendorf, Winschoten	↑ Weener, Brual	Papenburg
37 / 13		Weener	↱ 436 Leer	
38 / 12	436	Leer	↱ Innenstadt	Sophien-Café, Heisfelder Str 78, Leer, Tel. 04 91/92 78 60

Haren hat ein Schloßherr sein Domizil zu einem familienfreundlichen Ferienzentrum umgewandelt; gleich nebenan befindet sich am Dankernsee eine Wasserskianlage – eine nette Abwechslung an heißen Tagen. Ein eigens aufgespülter Sandstrand lädt zum Baden ein.

Technik-Interessierte können einen Abstecher nach Lathen zur B70 machen, wo sich die Versuchsstrecke des Transrapid befindet. In der Ausstellung und auf Probefahrten kann man sich sein eigenes Urteil über die Magnetschwebebahn bilden. Auch die Innenstadt von Papenburg lohnt einen Besuch, dann macht es allerdings kaum noch Sinn, wieder auf das andere Ufer der Ems nach Weener zurückzukehren. In Leer besteht Anschluß an die Ostfriesland-Runde, die ganz einfach in beide Richtungen zu befahren ist. Wer sie entgegen der im Roadbook beschriebenen Richtung befährt, muß nur darauf achten, daß der Deich immer linker Hand liegt.

VOM FLACHLAND INS EGGEGEBIRGE: VON HAMBURG BIS KASSEL

 Ausgangsort
Dibbersen bei Hamburg

 Zielort
Kassel

 Gesamttourenlänge
360 km

 Zeitbedarf
1–2 Tage

 Anschluß
Tour 7 für eine Rundtour, Tour 18 ist 24 km entfernt über die B7 zu erreichen

 Sehenswertes
Walsrode: Vogelpark; Barntrup: Museumsbahn; Horn-Bad Meinberg/Detmold: Externstein, Hermannsdenkmal; Erpentrup: Glashütte; Arolsen: Schloß; Kassel: Schloß Wilhelmshöhe, Bergpark

Kurzbeschreibung
Vom Hamburger Süden aus startet die Tour direkt in die Lüneburger Heide. Durch das Flachland darf Geradeausfahren geübt werden, erst an der Porta Westfalica beginnt die Mittelgebirgslandschaft, große Höhenunterschiede gibt es jedoch nicht. Das Eggegebirge wird der Länge nach durchfahren, anschließend geht es durch den Habichtswald nach Kassel. Die Strecke ist als Alternative zur A7 für Tourenfahrer gedacht.

Hamburg ist zu groß, als daß man eine Ausfallstraße vorschlagen könnte, deshalb liegt der Ausgangspunkt der Tour südwestlich von Hamburg an der A1 von Hamburg nach Bremen. Man erreicht die Abfahrt Dibbersen sowohl über die A1 als auch über die B4/B75 vom Zentrum aus. Von der A7/A261 muß man in Tötensen abfahren, um auf die B75 zu kommen – alles auch für Auswärtige relativ einfach. Von der Abfahrt Dibbersen sind es nur wenige Kilometer bis Buchholz in der Nordheide. Wie der Name schon sagt, liegt die Kleinstadt am Nordrand der Lüneburger

Hamburg zeigt sich an den Landungsbrücken von seiner schönsten Seite. Wer auf originelle Weise die Elbe queren möchte, sollte den alten Elbtunnel mit seinen Pkw-Aufzügen benutzen.

Heide; die kurz darauf kreuzende B3 verläuft fast schnurgerade durch das Land der Heidschnucken. Kiefernwälder, ein paar leichte Hügel – man ist hier im Norden nicht so anspruchsvoll, was die Berge angeht – eine leichte Kurve, dann geht es weiter geradeaus. Der Abzweig von der B3 nach Schneverdingen bringt etwas Abwechslung, über die Dörfer geht es nach Walsrode. Der örtliche Vogelpark zieht größere Mengen von Besuchern an. Daß die Region vom Tourismus lebt, merkt man regelmäßig, wenn ältere Herren – mit Hut am Steuer! – mit 60 bis 70 Stundenkilometern auf übersichtlichen Landstraßen dahintuckern. Gut, daß man

ROADBOOK: Motorradtouren in Norddeutschland				
Tour 14 Region: Eggegebirge / Etappe: Hamburg – Kassel			Karte: Generalkarte Deutschland, Bl. Nr. 2, 5, 7, 9, 11	
Nr./km	Road	Position	Richtung	Information
1		Kreuzung 75 mit A1, Abfahrt Dibbersen	Buchholz	
2 / 8	75	Kreuzung 3	Soltau	
3 / 14	3	Abzw. Schneverdingen	Verden, Schneverdingen	
4 / 10		Schneverdingen	Neuenkirchen, Verden, Soltau	
5 / 10		Neuenkirchen	71 Verden	
6 / 0,5	71	Neuenkirchen	Verden	
7 / 10		Visselhövede	440 Verden	
8 / 0,5	440	Visselhövede	Walsrode, Kettenburg	
9 / 14		Walsrode	209 Nienburg	Vogelpark
10 / 31	209	Kreuzung 215	Nienburg	
11 / 5	215	Nienburg	2 x re. Minden	
12 / 22	215	Leese	441 Hannover, Minden	
13 / 1,5	441	Abzw. 482	482 Minden, Vlotho	
14 / 29	482	Kreuzung 65	Vlotho	
15 / 11	482	Kreuzung A2	Vlotho	Beschilderung als Bundesstraße endet hier!
16 / 5		Vlotho	514 Kalletal, Lemgo, Rinteln	
17 / 8	514	200 m hinter Abzw. 238	Lüdenhausen	
18 / 10		Lüdenhausen	Hillentrup, Dörentrup	
19 / 8		Dörentrup	66 Barntrup	
20 / 12	66	Barntrup	1 Paderborn, Blomberg	Museumsbahn

hier so problemlos überholen kann! Bei Rethem überqueren wir die Aller und nähern uns der Weser. Nienburg spielt Großstadt und läßt sich auf einer Stadtautobahn umfahren, viel los ist aber nicht. Anschließend verlaufen die B215 und die B482 ruhig neben der sich windenden Weser auf Minden zu. Dort zwängen wir uns neben der Weser zwischen Wiehen- und Wesergebirge durch die Porta Westfalica. Berge! Jedenfalls ein bißchen, im Vergleich zum Deich... Mit dem Erreichen der Autobahn A2 verliert die B482 ihre Nummer und wird bis Vlotho zur profanen Landstraße. Bei Vlotho schwenken wir auf die B514 ein, die wir bis kurz über den Abzweig der B238 nach Kalletal hinaus nutzen. Statt der B238 fahren wir auf eine landschaftlich schöne Nebenstraße nach Asendorf und Lüdenhausen. Dort dürfen wir nicht den ersten Abzweig nach Niedermeien nehmen, sondern müssen uns nach den Schildern nach Dörentrup richten, wo wir die B66 erreichen. Von Barntrup aus verkehrt eine Museumseisenbahn durch das Extertal nach Norden. Am Ortsausgang von Barntrup treffen wir auf die B1, die wir nach Blomberg befahren. In Blomberg gibt es einen Kreisverkehr, wo die B1 in der ersten Ausfahrt rechts abzweigt. Da sich sowohl die Straßennummer als auch das Fernziel Paderborn nicht ändern, ist diese Kreuzung nicht im Roadbook aufgeführt.

Runter von der B1 geht es bei Horn-Bad Meinberg, wo in Richtung Detmold einige Ziele für einen Abstecher liegen. Ob man das Denkmal von Hermann dem Cherusker bei Detmold-Heiligenkirchen leiden mag, ist Geschmackssache. Die Externsteine, knapp vierzig Meter hohe Sandsteinformationen, sind nicht nur ein Naturphänomen, sondern haben auch eine lange religiöse Geschichte. Das ursprünglich heidnische Heiligtum wurde später zu einer christlichen Wallfahrtsstätte. Auch Horn mit seinen Fachwerkhäusern ist einen Stopp wert. Auf der Nebenstraße von Horn nach Bad Driburg kommen wir in Erpentrup an einer Glashütte vorbei. Hier kann man beim Glasblasen zuschauen und sich auf die Mitbringsel Schriftzüge gravieren lassen. Seit dem 15. Jahrhundert wird im Driburger Raum Glas hergestellt.

Bis Scherfede fahren wir auf einer Landstraße, bis diese nach dem Kreuzen der B68 in die B252 übergeht. Wir kreuzen die A44 von Dortmund nach Kassel und nähern uns dem Heilbad Arolsen, das bereits in Hessen liegt. Arolsen war nicht nur die Residenz der

Die schnell ausgebaute B450 zwischen Arolsen und Kassel verführt zur flotten Kurvenhatz.

Fürsten zu Waldeck, sondern auch in diesem Jahrhundert noch Hauptstadt des Freistaates Waldeck. Von 1918 bis 1929 existierte der Freistaat in der Weimarer Republik, doch dann wurde Waldeck Preußen zugeschlagen. Sehenswert ist das Barockschloß aus dem 18. Jahrhundert, dessen Baumeister Versailles als Vorbild genommen haben. Arolsen wirkt immer noch, als sei es Residenzstadt; einen kleinen Rundgang sollte man nicht auslassen. Vermutlich wird sich die Verkehrsführung 1999 ändern, denn Arolsen erhält eine neue Umgehungsstraße.

Auf dem Weg nach Kassel führt die B450 am Twiste-Stausee vorbei, einem beliebten Naherholungsgebiet mit Bademöglichkeit. Ansonsten heißt es jetzt rollen lassen, um die letzten Kilometer bis Kassel zu schaffen.

In der Waldglashütte Erpentrup kann man den Glasbläsern bei der Arbeit zuschauen und ihre Werke im Museum betrachten.

Nr. km	Road	Position	Richtung	Information
21 / 23	1	Abzw. Horn, Bad Driburg	Horn, Bad Driburg, Leopoldstal	Externsteine, Hermannsdenkmal Gasthof Hegge, Koobenweg 1, Steinheim, Tel. 0 52 33/52 25
22 / 0,3		Abzw. Horn, Bad Driburg	Bad Driburg	Das Idyll, Am Bosenberg 10, Detmold-Heiligenkirchen, Tel. 0 52 31/4 74 19
23 / 10		Erpentrup	Bad Driburg	Glashütte
24 / 3		Abzw. Bad Driburg	Bad Driburg	
25 / 1,5		Reelsen	Bad Driburg	
26 / 3		Bad Driburg	Neuenheerse, Scherfede	
27 / 7		Neuenheerse	Scherfede	
28 / 0,5		Neuenheerse Ortsausgang	Scherfede	
29 / 14		Abzw. Scherfede	Scherfede	
30 / 2		Kreuzung **68**	**252** Korbach, Arolsen	
31 / 6	252	Kreuzung A 44	Korbach, Arolsen	
32 / 12	252	Arolsen	**450** Kassel	Schloß Brauhaus Hotel, Kaulbachstraße 33, Arolsen, Tel. 0 56 91/20 28
33 / 20	450	Istha	**251** Kassel	
34 / 19	305	Kreuzung A 44	Kassel	
35 / 19	251	Kassel Innenstadt, Kreuzung **3**	Anschluß Tour 7	Schloß Wilhelmshöhe, Bergpark, Hotel Wilhelmshöher Tor, Heinrich-Schütz-Allee 24, Kassel-Wilhelmshöhe, Tel. 05 61/9 38 90

Immerhin ist dies neben Tour 6 die längste Tour dieses Buches. Istha hat bereits eine Umgehung erhalten. Sie ist so angelegt, daß die B450 unmerklich in die B251 nach Kassel übergeht. Wer geradeaus fährt und sich an den Schildern nach Kassel orientiert, kommt garantiert an. Zum Habichtswald geht es noch einmal ordentlich bergauf, bis Kassel in Sicht ist. Noch vor dem Ortseingang führt ein Abzweig nach rechts zur Wilhelmshöhe mit Schloß und Bergpark. Wer der B251 ins Zentrum folgt,

kreuzt automatisch die B3: Hier ist der Anschluß zur Rücktour durch das Weserbergland nach Celle. Eine weitere Möglichkeit ist es, auf der B7 bis nach Hessisch Lichtenau fortzusetzen, wo Anschluß an die Tour 18 von Hildesheim nach Fulda besteht.

WEITERFÜHRENDE INFORMATIONEN

 Günstige Übernachtung

Gasthof Hegge
Koobenweg 1
Steinheim
Tel. 0 52 33/52 25

Das Idyll
Am Bosenberg 10,
Detmold-Heiligenkirchen
Tel. 0 52 31/4 74 19

Brauhaus Hotel
Kaulbachstraße 33
Arolsen
Tel. 0 56 91/20 28

Hotel Wilhelmshöher Tor
Heinrich-Schütz-Allee 24
Kassel-Wilhelmshöhe
Tel. 05 61/9 38 90

 Auskunft

Fremdenverkehrsverband Teutoburger Wald
Bad Meinberger Straße 1
32760 Detmold
Tel. 0 52 31/9 58 50
Fax 0 52 31/62 34 78

Hessen Touristik Service
Abraham-Lincoln-Straße 38 – 42
65189 Wiesbaden
Tel. 06 11/7 78 80-0
Fax 06 11/7 78 80-40

Vom Rhein über den Vogelsberg an die Fulda: von Koblenz nach Fulda

 Ausgangsort
Koblenz-Lahnstein

 Zielort
Fulda

 Gesamttourenlänge
240 km

 Zeitbedarf
1 Tag

 Anschluß
Tour 16 von Fulda nach Jena, Tour 18 in umgekehrter Reihenfolge von Fulda nach Hildesheim, über Tour 18 Anschluß an Tour 7 von Kassel nach Celle

 Sehenswertes
Bad Ems: Spielbank, Kurhaus; Weilrod: Vogelpark Hochtaunus; Münzenberg: Burgruine; Schotten: Schottenring; Fulda: Dom, Schloß Fasanerie

Kurzbeschreibung
An der gewundenen Lahn entlang führt die kurvenreiche Strecke bis hinauf zum Rand des Hochtaunus. Am Vogelsberg lockt die Rennstrecke des Schottenrings, bis es dann etwas gemütlicher das letzte Stück nach Fulda geht. Zwischendrin werden immer wieder kleine Landstraßen benutzt.

Koblenz ist der Ausgangspunkt für die Tourenbeschreibung, doch gedacht ist die Anfahrt vor allem für Motorradfahrer aus dem Kölner Raum und dem Rhein-Main-Gebiet. Durch das Rheintal findet jeder selbst, auch ist die Verkehrssituation nicht

so, daß die Fahrt auf der linksrheinischen B9 oder der rechtsrheinischen B42 unbedingt eine Empfehlung wert ist. Entweder hemmen Ortschaften die Fahrt, oder die Straßen sind so breit ausgebaut, daß das Fahren langweilig wird. Als alternativer Zubringer kommt die A61 von Mönchengladbach oder Ludwigshafen in Frage. Beschrieben ist unsere Tour ab Koblenz-Lahnstein, wo die B260 von der B42 abzweigt. Die ersten 30 Kilometer führt die Straße immer an der Lahn entlang, da die sich windet und krümmt, freuen wir uns über reichlich vorhandene Kurven.

In Bad Ems wechseln wir für kurze Zeit das Ufer und können das prachtvolle Kurhaus von der gegenüberliegenden Seite der Lahn bewundern. Wer sein Glück probieren will: In Bad Ems ist eine der ältesten Spielbanken Deutschlands zu Hause. Noblesse oblige – Adel verpflichtet: Hier kommt kein Mann ohne Krawatte rein. Auffällig ist auch die russisch-orthodoxe Kirche von Bad Ems mit ihren vergoldeten Kuppeln. In Dausenau geht es links auf die B417 nach Nassau ab, wo die Burgruinen Stein und Nassau die Stadt überragen.

Kurze Zeit danach verläßt die Straße die Lahn und führt hinauf in die Berge, bis sie Diez erreicht. Dort, wo die Bundesstraße die Lahn verläßt, ist ein Abzweig nach rechts in Richtung Katzenelnbogen ausgeschildert. Diese Strecke ist eine nette Alternative, denn sie trifft bei Aarbergen auf die B54, die wir

Nr. km	Road	Position	Richtung	Information
1		Lahnstein, Kreuzung **42 260**	**260** Bad Ems, Lahntal	Weinhaus Merkelbach, Emser Straße 87, Koblenz, Tel. 02 61/97 44 10
2 10	260	Bad Ems	Wiesbaden, Nassau	Spielbank, Kurhaus Lahnhof, Lahnstraße 3, Dausenau, Tel. 0 26 03/61 74
3 10	260	Nassau	**417** Diez	Lahnbrücke
4 13	417	Abzw. nach Katzenelnbogen	Diez	A rechts nach Zollhaus, Richtung Katzenelnbogen
5 7	417	Hirschberg	Diez	
6 8	417	Diez	Bad Schwalbach	
7 0,6		Diez	Bad Schwalbach, St. Goarshausen, Hahnstätten	
8 1,5		hinter Diez	**54** Bad Schwalbach, Hahnstätten	
9 8	54	Zollhaus, Abzw. **274**	Wiesbaden, Bad Schwalbach	Ende A über Katzenelnbogen
10 5	54	Abzw. Bad Camberg	Bad Camberg, Aarbergen-Kettenbach	
11 9		Kreuzung **417**	**417** Bad Camberg, Wiesbaden	
12 0,2	417	Abzw. Bad Camberg	Bad Camberg	
13 3		hinter Bechtheim	Bad Camberg	
14 4		Kreuzung A 3	Bad Camberg	
15 2		Bad Camberg Kreuzung **8**	**8** Limburg	
16 1,5	8	Erbach	Weilrod	8 km: Vogelpark Hochtaunus
17 11		Weilrod-Rod	Weilmünster	
18 4		Emmershausen	Winden	
19 3		hinter Winden	Usingen, Grävenwiesbach	
20 1,5		Heinzenberg	Grävenwiesbach	

ROADBOOK: Motorradtouren in Norddeutschland

Tour 15 Region: Rhein, Vogelsberg, Fulda Etappe: Koblenz-Lahnstein-Fulda Karte: Generalkarte Deutschland, Bl. Nr. 12, 13

wie im Roadbook ausgewiesen ab Diez in Richtung Taunus befahren. Nach dem Abbiegen nach Aarbergen-Kettenbach folgen auf der ansteigenden Landstraße ein paar verschlafene Dörfer. Zuerst kreuzen wir die B417, dann die A3 auf dem Weg nach Bad Camberg, dann geht es ab in die Provinz. Die Ausläufer des Naturparks Hochtaunus sind landschaftlich schön, doch in den Dörfern bekommt man nicht einmal eine Tasse Kaffee. Grävenwiesbach an der B 456 ist noch das größte Dorf, wo es immerhin eine Jugendherberge gibt. Auf einer einspurigen Straße schlagen wir uns durch zum idyllischen Solmsbachtal, das mit ordentlichem Gefälle nach Butzbach führt. Jetzt sind erst einmal wieder größere Straßen angesagt, die B488 bringt uns nach Münzenberg. Schon von weitem ist über dem Ort die markante Ruine der Münzenburg zu sehen. Die Burg wurde während der Regentschaft von Kaiser Friedrich I., genannt „Barbarossa", um 1160 gebaut. Mit ihren zwei gewaltigen

Die Tour von Koblenz nach Fulda führt nicht nur durch kurvige Täler, sondern auch über die weiten Höhen des hessichen Berglandes.

Nr. km	Road	Position	Richtung	Information
21 / 5		Grävenwiesbach, Kreuzung 456	456 Weilburg	
22 / 0,5	456	Grävenwiesbach	Waldsolms Hasselborn	
23 / 3		Hasselborn	Brandoberndorf	
24 / 4		Brandoberndorf	Butzbach	
25 / 14		Hausen	Butzbach	
26 / 1		Butzbach, Kreisverkehr	Gießen, Richtung A 5	
27 / 1		Kreuzung 3	Gießen, Richtung A 5	
28 / 1,5		Gewerbegebiet Butzbach	488 Lich Richtung A 5	
29 / 0,5	488	Kreuzung A 5	Lich	
30 / 6	488	Kreuzung A 45	Lich	
31 / 7	488	Lich	Laubach	
32 / 1		Kreuzung 457	457 Büdingen, Laubach	
33 / 1	457	Ausfahrt Laubach, Schotten	Schotten, Laubach	
34 / 0,2		Ausfahrt 457	Schotten, Laubach	
35 / 10		Wetterfeld	Laubach, Schotten	
36 / 3		Laubach	Schotten	Café und Hotel Göbel, Friedrichstraße 2 – 4, Laubach, Tel. 0 64 05/ 9 13 80
37 / 1	276	Laubach Ortsausgang	276 Schotten	Tempolimit nur für Motorräder: 60 km/h!
38 / 6	276	kurz vor Ortseingang Schotten	Schotten	links zum Schottenring, Lauterbach, ca. 16 km
39 / 1	276	Schotten	Bad Orb	links zum Schottenring in umgekehrter Richtung
40 / 1	276	Schotten, Kreuzung 455	Bad Orb, Gedern	Hotel Adler, Vogelsbergstraße 160, Schotten, Tel. 0 60 44/10 17

Rundtürmen ist sie eine der größten deutschen Burganlagen. Von oben hat man einen schönen Blick auf den Ort und über die weite Ebene in Richtung Gießen.

Unser nächstes Ziel heißt Lich, wo ein gutes Bier gebraut wird. Man wird um den Ortskern herumgeleitet und gelangt über ein kurzes Intermezzo auf der B457 auf die Deutsche Fachwerkstraße nach Laubach. Die große Schloßanlage stammt in ihren Ursprüngen aus dem Mittelalter, wurde aber immer wieder umgebaut und den Bedürfnissen der Zeit angepaßt. Das Schloß liegt mitten in der Kleinstadt, die auch sonst durch ihr Kopfsteinpflaster und die Fachwerkhäuser viel altertümliches Flair hat. Bei Laubach ist nach dem Taunus das nächste Mittelgebirge erreicht, der Vogelsberg. Seine höchsten Gipfel sind über 700 Meter hoch. Kurvenreich führt die B276 nach Schotten, wo einer der schönsten Abstecher wartet: der Schottenring. Die Strecke wurde früher häufig für Bergrennen genutzt. Kurven und Steigungen auf dem 16 Kilometer langen Rundkurs lassen Nürburgring-Feeling aufkommen. Aber Vorsicht: Hier bewegt man sich im öffentlichen Verkehr und nicht auf einer abgesperrten Rennstrecke!

Wir setzen unser Fahrt auf der ebenfalls kurvenreichen B276 in Richtung Gedern fort, doch bevor wir die hessische Kleinstadt erreichen, geht es links ab in Richtung Lauterbach auf die B275. An der Herchenhainer Höhe ist auf der Höhe von 550

Die Domstadt Fulda ist bekannt für ihre barocken Baudenkmäler. Neben der schmucken Innenstadt ist vor allem das außerhalb liegende Schloß Fasanerie einen Besuch wert.

Nr. km	Road	Position	Richtung	Information
41 / 13	276	Kreuzung 275	276 275 ← Lauterbach ↓	
42 / 6	276 275	Abzw. 276	↑ 275 Lauterbach	
43 / 23	275	2 km hinter Herbstein	⌐→ Stockhausen	
44 / 6		Stockhausen	↑ Fulda	
45 / 5		Hainzell	Fulda ←	
46 / 2			⌐→ Fulda Kleinlüder	Hotel-Restaurant Vorderburg, An der Vorderburg 1, Schlitz, Tel. 0 66 42/9 63 00
47 / 12		Kreuzung 254	↑ Stadtmitte Barockviertel	

letzte kleine Landstraße ab. Auf einigen Generalkarten sieht sie wie eine Durchgangsstraße aus, in natura handelt es sich um eine nette Kreisstraße, die nur ein paar Dörfer miteinander verbindet. Felder und Wiesen säumen die Straße, immer wieder durchziehen Bäche die Landschaft. Wer es eilig hat, sollte besser die B254 über Lauterbach benutzen. Am Ortseingang von Fulda trifft diese Tour auf die Route, die von Hildesheim kommt. Anschluß besteht weiter in Richtung Osten mit der Tour 16 nach Weimar. Fulda wurde und wird stark von der Kirche geprägt, baulich wie politisch. Beeindruckendstes Bauwerk der Innenstadt ist sicherlich der Dom, der im 18. Jh errichtet wurde. Geradezu lieblich wirkt dagegen Schloß Fasanerie vor den Toren der Stadt.

Metern die Wasserscheide zwischen Rhein und Weser erreicht. Für uns heißt das: Es geht bergab. In Herbstein angekommen, haben wir den Vogelsberg fast schon umrundet. Hinter Herbstein zweigt die

WEITERFÜHRENDE INFORMATIONEN

Günstige Übernachtung

Weinhaus Merkelbach
Emser Straße 87
Koblenz
Tel. 02 61/97 44 10

Lahnhof
Lahnstraße 3
Dausenau
Tel. 0 26 03/61 74

Café und Hotel Göbel
Friedrichstraße 2 – 4
Laubach
Tel. 0 64 05/9 13 80

Hotel Adler
Vogelsbergstraße 160
Schotten
Tel. 0 60 44/10 17

Hotel-Restaurant Vorderburg
An der Vorderburg 1
Schlitz
Tel. 0 66 42/9 63 00

Auskunft

Fremdenverkehrsverband Rheinland-Pfalz
Löhrstraße 103 – 105
56068 Koblenz
Tel. 02 61/9 15 20-0
Fax 02 61/9 15 20-40

Hessen Touristik Service
Abraham-Lincoln-Straße 38 – 42
65189 Wiesbaden
Tel. 06 11/7 78 80-0
Fax 06 11/7 78 80-40

DURCH DIE RHÖN UND DEN THÜRINGER WALD: VON FULDA NACH WEIMAR

 Ausgangsort
Fulda

 Zielort
Weimar

 Gesamttourenlänge
220 km

 Zeitbedarf
1 Tag

 Anschluß
Zubringer Tour 18 von Hildesheim nach Fulda und Tour 15 von Koblenz nach Fulda, Anschluß Tour 17 von Jena nach Hildesheim

 Sehenswertes
Fulda: Dom, Schloß Fasanerie; Wasserkuppe: Deutsches Segelflugmuseum; Ostheim: Wehrkirche; Meiningen: Schloß Elisabethenburg, Goethe-Park; Oberhof: Sprungschanze; Arnstadt: Bach-Gedenkstätte, Burganlage Drei Gleichen; Weimar: Schloß Belvedere, Goethe-Haus, Schiller-Haus

 Kurzbeschreibung
Die West-Ost-Verbindung ist Teil der Rundtour durch die Mittelgebirge (mit den Touren 17, 18). Zuerst wird die Rhön an ihrer höchsten Stelle überquert, es folgen die Rhön-Hochstraße und eine Querung des Thüringer Waldes, bevor wir uns in die urdeutsche Kulturlandschaft nach Weimar begeben.

Im Süden von Fulda beginnt die Tour gleich mit einer Nebenstraße. Vom Zubringer der A7 ist die Ausfahrt Eichenzell nach Welkers und Poppenhausen ausgeschildert. Über die Dörfer arbeiten wir uns in die Rhön hinein, gewinnen mit jedem Kilometer, den wir der

Kurvenreiche Strecken führen durch die Rhön bis hinauf zur Wasserkuppe, der Heimat der Segelflieger.

Nr. km	Road	Position	Richtung	Information
ROADBOOK: Motorradtouren in Norddeutschland				
Tour 16	**Region: Rhön und Thüringer Wald** **Etappe: Fulda – Weimar**			**Karte: Generalkarte Deutschland, Bl. Nr. 13, 36**
1		A 7 Fulda-Süd, Eichenzell	Fulda, Bad Brückenau	Dom, Schloß Fasanerie
2 / 0,7		Ausfahrt Eichenzell	Welkers, Poppenhausen	
3 / 5		Lütter	Weyhers, Poppenhausen	
4 / 4		Weyhers	Poppenhausen	
5 / 0,5		Weyhers	Poppenhausen	
6 / 5,5		Poppenhausen	Wasserkuppe, Abtsroda	Achtung! Abzweig spät zu sehen
7 / 0,2		Poppenhausen	Wasserkuppe, Abtsroda	
8 / 5		Abtsroda	Wasserkuppe	Segelflug-Museum
9 / 5		Kreuzung 284	284 Ehrenberg	
10 / 4	284	Kreuzung 278	278 Ehrenberg	
11 / 1,5	278	Ehrenberg-Wüstensachsen	Oberelsbach	
12 / 5		Kreuzung Hochrhönstraße	Fladungen	
13 / 14		Fladungen	285 Mellrichstadt	Ostheim: Wehrkirche
14 / 18	285	Mellrichstadt	19 Meiningen	Hotel Sturm, Ignaz-Reder-Straße 3, Mellrichstadt Tel. 0 97 76/8 18 00
15 / 19	19	Meiningen	Suhl, Eisenach	Schloß Elisabethenburg, Goethe-Park
16 / 1	19	Meiningen	Eisenach	
17 / 1,5	19	Meiningen	280 Zella-Mehlis	
18 / 13	280	Schwarza	Schmalkalden, Viernau	
19 / 5		Viernau	Schmalkalden	
20 / 3,5		Herges-Hallenberg	Oberhof	

Wasserkuppe näher kommen, an Höhe. Kleine Schilder am Straßenrand informieren über die aktuelle Höhe: 600 Meter, 800 Meter, am Gipfel sind es schließlich 950 Höhenmeter. Bei schönem Wetter ist hier oben reichlich Flugbetrieb. Die Wasserkuppe ist eines der beliebtesten Reviere für Segelflieger. Aber auch

Die Rhön liegt im Dreiländereck der Bundesländer Bayern, Hessen und Thüringen.

16
Rotenburg
Bebra
Gerstungen
Eisenach
Gotha
Erfurt
E
Weimar
Camburg
Friedlos
Bad Hersfeld
Förtha
Waltershausen
Ichtershausen
Bad Berka
Jena
Vacha
Bad Salzungen
Friedrichroda
Arnstadt
Kranichfeld
Niederaula
Crawinkel
Marlishausen
Kahla
Niederjossa
Haunetal
Bad Liebenstein
Plaue
Stadtilm
Schmalkalden
Rudolstadt
Pößneck
Geisa
Oberhof
Bad Blankenburg
Schlitz
Hünfeld
Wasungen
Steinbach-Hallenberg
Ilmenau
Tann
Schwarza
Zella-Mehlis
Saalfeld
Marbach
Hilders
Meiningen
Suhl
Hohenwarte Stausee
Grossenlüder
Petersberg
Ludwigstadt
Leutenberg
Fulda
Wasserkuppe
Fladungen
Neuhaus
Eichenzell
A
Poppenhausen
950
Ehrenberg
Nordheim
Schleusingen
Neuhof
Gersfeld
Ostheim
Mellrichstadt
Hildburghausen
Eisfeld
Fulda
Werra
Saale
N
0
10km

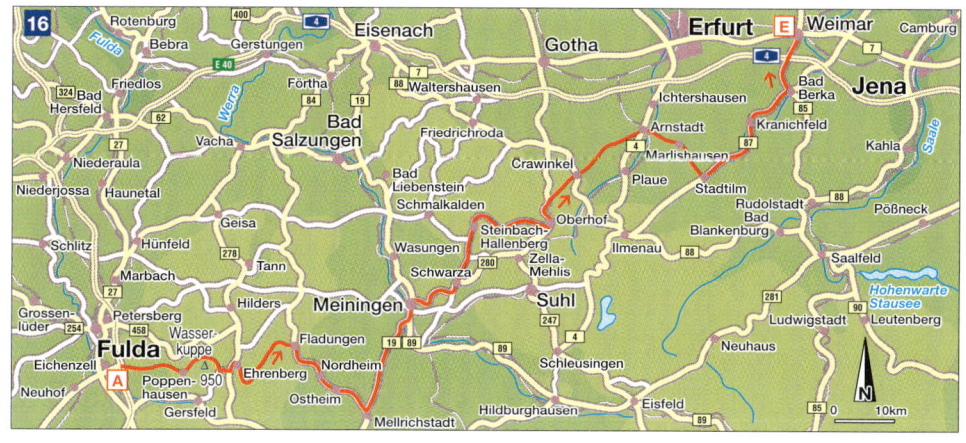

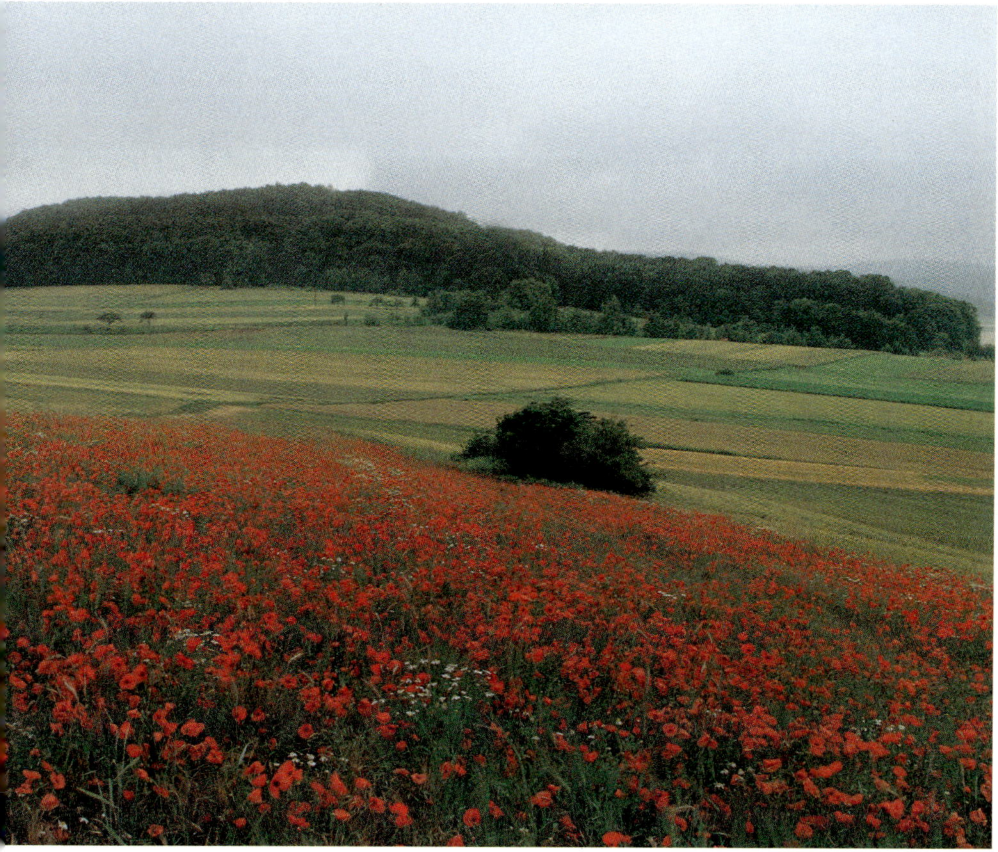

Nr./km	Road	Position	Richtung	Information	
21 / 2,5		Steinbach-Hallenberg	↱ Oberhof		
22 / 16		Oberhof	**247** Gotha ←	Sprungschanze	🏔
23 / 5	247	Abzw. Arnstadt	↱ Arnstadt		
24 / 7		Crawinkel	↑ Arnstadt		
25 / 0,3		Crawinkel	← Arnstadt		
26 / 14		Arnstadt	↑ Erfurt, Ilmenau	Bach-Gedenkstätte, Burganlage Drei Gleichen	🏔
27 / 0,5		Arnstadt	↑ Stadtilm		
28 / 0,5		Arnstadt	↱ Stadtilm		
29 / 0,5		Arnstadt	← Stadtilm		
30 / 3,5		Kreuzung A 71	↑ Stadtilm	Anschluß zur A 4 nach Erfurt	
31 / 8		Stadtilm	**87** Apolda, Weimar ←		
32 / 22	87	Bad Berka	**85** Weimar ↑	Wettiner Hof Bahnhofstraße 32, Bad Berka, Tel. 03 64 58/34 30	🏨
33 / 1	85	Bad Berka	↱ Weimar		
34 / 5	85	Kreuzung A 4	↑ Weimar		
35 / 4	85	Weimar	Zentrum ← **7** Jena	Schloß Belvedere, Goethe-Haus, Schiller-Haus 16 km Holiday Inn, Jenaer Straße 2, Apolda, Tel. 0 36 44/58 00	🏨 🏔

die Modellbauer fühlen sich wohl am Hang neben dem Deutschen Segelflug-Museum. Per Fernbedienung gesteuert, summen und brummen die nicht gerade kleinen Modelle durch die Lüfte. Stimmt die Thermik nicht, stürzt schon mal einer den Hang hinunter, auch Beinahe-Zusammenstöße sind keine Seltenheit.

Wir fahren weiter ins Tal zu den Bundesstraßen nach Ehrenberg, doch im Ortsteil Sachsenhausen biegen wir gleich wieder rechts ab, um zur Hochrhönstraße zu gelangen. Sie verläuft landschaftlich wunderschön durch den Nationalpark Hohe Rhön. In der Schutzzone ist es nicht erlaubt, anzuhalten, Ranger kontrollieren die Strecke regelmäßig. Wer abkürzen will, kann auf halber Strecke rechts den Abzweig nach Nordheim wählen, die Strecke führt aber geradeaus weiter bis Fladungen, um diese schöne Strecke bis zuletzt auszukosten. Es folgt ein längeres Teilstück auf der B285 bis nach Mellrichstadt. Das Hotel Sturm zählt zu den wenigen ausgewiesenen motorradfreundlichen Hotels nördlich der Mainlinie. Wer zuvor auf Tour 18 in Bad Sooden-Allendorf übernachtet hat, findet hier in passender Entfernung die zweite Unterkunft der Rundtour. Mellrichstadt ist zudem ein guter Ausgangspunkt für diejenigen, die für ein paar Tage einen Ausgangspunkt für Rundtouren durch Rhön und Thüringer Wald suchen.

Unsere Tour führt weiter auf der B19 nach Meiningen, wo die Elisabethenburg einen Besuch wert ist. Von hier geht es auf der kurvenreichen Bundesstraße 280 bis Schwarza, wo wir in den Thüringer Wald abbiegen, um uns dem Wintersportort Oberhof „von hinten" über Steinbach-Hallenberg zu nähern. Die Oberhofer Sprungschanze zählt zu den bekanntesten in Deutschland und wird auch für internationale Wettbewerbe genutzt. In Oberhof treffen wir auf die B247, die wir aber nur ein kurzes Stück bis zum Abzweig nach Arnstadt befahren. Bei Crawinkel, wo die B88 gekreuzt wird, verlassen wir den Thüringer Wald und fahren auf einem Teilstück der Deutschen Alleenstraße bis Arnstadt.

In Arnstadt lebte die Familie Bach, ihr berühmtester Sohn Johann Sebastian Bach wirkte hier einige Jahre als Organist, die Kirche wurde deshalb in Bach-Kirche umbenannt. Sehenswert auch die Liebfrauenkirche, die Altstadt mit den Resten der Stadtmauer und das Puppenmuseum. In Richtung Gotha liegen die Drei Gleichen, drei

Auf der Café-Terrasse von Schloß Fasanerie bei Fulda-Eichenzell sitzt man in historischem Ambiente mit Blick man auf den weitläufigen Landschaftspark.

111

Burgen, um die sich zahlreiche Sagen spinnen: die Mühlburg, Burg Gleichen und die Wachsenburg. Die Verkehrsführung durch Arnstadt ist, nachdem es zunächst immer nur geradeaus geht, ein bißchen verwinkelt, doch Stadtilm, unser nächstes Ziel, ist durchgängig ausgeschildert. Durch Felder und Wiesen führt die Landstraße über eine Hochebene. Die B87 nach Bad Berka ist von Burgen gesäumt: Zwischen Kranichfeld und Bad Berka finden sich allein vier Schlösser. In Bad Berka zweigt dann die B85 nach Weimar ab, überquert die A4, die vom Kirchheimer Dreieck nach Dresden führt.

Weimar allein füllt einen Reiseführer, hier kann nur angerissen werden, was alles einen Besuch lohnt. Das Wohnhaus von Friedrich Schiller kann ebenso besichtigt werden wie das von Johann Wolfgang Goethe. Ein Spaziergang durch den Garten von Schloß Belvedere gehört ebenso zum Pflichtprogramm der Kulturbeflissenen wie Goethes Gartenhaus. Brutaler Kontrapunkt der feingeistigen Führungen durch Weimar ist ein Besuch der Gedenkstätte im KZ Buchenwald einige Kilometer nordwestlich von Weimar, wo zwischen 1937 und 1945 über 56 000 Menschen den Tod fanden. Auch das ist deutsche Geschichte.

Ursprünglich sollte diese Tour bis Jena führen. Als ich jedoch abends nach Weimar kam, wurde ich wegen einer Großbaustelle umgeleitet und landete im Dunkeln in abgelegenen Dörfern – irgendwann hatten die Umleitungsschilder aufgehört, oder ich hatte eines übersehen. Es sollte sowieso nur über die B7 nach Jena gehen, und dieser Weg wird sich nach Abschluß der Bauarbeiten eigentlich leicht finden lassen; schließlich kreuzen sich B85 und B7 nur einmal in Weimar. Und außerdem braucht man für Weimar ohnehin mehr Zeit, wenn man die Stadt mit all ihren Kulturgütern wirklich kennenlernen möchte...

WEITERFÜHRENDE INFORMATIONEN

 Günstige Übernachtung

Hotel Sturm
Ignaz-Reder-Straße 3
Mellrichstadt
Tel. 0 97 76/8 18 00

Wettiner Hof
Bahnhofstraße 32
Bad Berka
Tel. 03 64 58/34 30

Holiday Inn
Jenaer Straße 2
Apolda
Tel. 0 36 44/58 00

 Auskunft

Fremdenverkehrsverband Rhön
Wörthstraße 15
36037 Fulda
Tel. 06 61/60 06-305
Fax 06 61/60 06-309

Thüringer Landesfremdenverkehrsverband
Stauffenbergallee 18
99085 Erfurt
Tel. 03 61/5 40 22 34
Fax 03 61/6 46 14 75

Tourismusverband Sachsen-Anhalt
Große Diesdorfer Straße 12
30108 Magdeburg
Tel. 03 91/73 84-300
Fax 03 91/73 84-302

Durch den sagenumwobenen Kyffhäuser und den Harz: von Jena nach Hildesheim

 Ausgangsort
Jena

 Zielort
Hildesheim

 Gesamttourenlänge
290 km

 Zeitbedarf
1 Tag

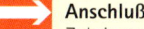 **Anschluß**
Zubringer von Tour 16, Anschluß an Tour 18 von Hildesheim nach Fulda, in kurzer Entfernung Tour 7 von Kassel nach Celle und Tour 14 von Hamburg nach Kassel

 Sehenswertes
Jena: Marktplatz; Naumburg: Dom, Rathaus; Freyburg: Neuenburg, Museum Turnvater Jahn; Bad Frankenhausen: Schloß; Kyffhäuser: Barbarossa-Höhle; Stolberg: Mittelalterliches Stadtbild; Clausthal-Zellerfeld: Bergapotheke, Bergwerksmuseum; Wildemann: 19-Lachter-Stollen

 **Kurzbeschreibung**
Zunächst geht es durch fruchtbares Land über Naumburg und das Weinbaugebiet Saale-Unstrut bis zum Kyffhäuser auf wenig befahrenen Bundesstraßen. Bei der Überquerung des Kyffhäuser folgen kurze, heftige Kurven, bis es wieder in die Ebene hinabgeht. Bergfeeling gibt es bei der Längsquerung des Harzes auf der Harz-Hochstraße.

Jena dient als Startpunkt der Mittelgebirgsrunde für alle aus dem Großraum Leipzig und bildet den Anschluß für diejenigen, die schon Tour 16 von Fulda aus gefahren sind.

Diese Tour verläuft zum größten Teil auf Bundesstraßen, die jedoch nicht sonderlich stark befahren sind, sieht man einmal vom ersten Teilstück, der B88 von Jena nach Naumburg ab. Jena, über Jahrhunderte das Wissenschaftszentrum Deutschlands, wurde im Krieg stark zerstört, so daß nur wenig historische Bausubstanz erhalten ist. An der Universität von Jena lehrten die Philosophen Fichte und Hegel, hier dozierte Friedrich Schiller, alle großen Namen der deutschen Romantik sind in Jena vertreten gewesen.

Die Bundesstraße gen Naumburg folgt zunächst dem Lauf der Saale und ist leicht kurvig und ein wenig hügelig, was bei viel Gegenverkehr das Überholen erschwert, doch die rund 30 Kilometer bis Naumburg sind schnell erledigt. Besonders sehenswert ist der Naumburger Dom, der für seine 12 Stifterfiguren berühmt ist. Bei Naumburg tauchen die ersten Weinreben auf, hier beginnt das kleinste und nördlichste Weinanbaugebiet Deutschlands, die Region Saale-Unstrut. Aus Perspektive der Weintrinker ist das sieben Kilometer entfernte Freyburg der Hauptort. Die Bundesstraße 180, die dorthin führt, ist in Naumburg zweifach ausgeschildert: Man umfährt das Domviertel entweder rechts herum oder links herum. Schon von weitem ist die Neuenburg zu erkennen, die oberhalb von Freyburg über der Unstrut liegt. In Freyburg läßt sich nicht nur ein vorzüglicher Schoppen Wein probieren, sondern auch eine Bildungslücke

ROADBOOK: Motorradtouren in Norddeutschland			
Tour 17 Region: Kyffhäuser und Harz / Etappe: Jena – Hildesheim			Karte: Generalkarte Deutschland, Bl. Nr. 7, 9, 36

Nr. km	Road	Position	Richtung	Information
1		Jena, Kreuzung 7 88	88 Naumburg	Marktplatz [icon]
2 / 18	88	Camburg	Naumburg →	
3 / 13	88	Naumburg	180 87 Weißenfels, Zeitz →	
4 / 1	180 87	Naumburg	180 Eisleben, Freyburg	Dom, Rathaus [icon]
5 / 1	180	Naumburg	Eisleben, Freyburg	Ausschilderung 180 Eisleben, Freyburg folgen!
6 / 8	180	Freyburg	176 Laucha	Neuenburg, Museum Turnvater Jahn [icon]
7 / 7	176	Laucha	Kölleda	halblinks halten
8 / 7	176	Bad Bibra	Kölleda	Hotel Bibermühle, Lauchaerstraße 36, Bad Bibra, Tel. 03 44 65/60 30 [icon]
9 / 27	176	Kölleda	176 85 Bad Frankenhausen, Sömmerda	
10 / 0,5	176 85	Kölleda	85 Bad Frankenhausen	
11 / 13	85	Kreuzung 86	Bad Frankenhausen ←	
12 / 0,2	85	Kreuzung 86	Bad Frankenhausen →	
13 / 9	85	Bad Frankenhausen	Kelbra	Schloß, Kyffhäuser: Barbarossa-Höhle [icon]
14 / 16	85	Kelbra	Berga	
15 / 4	85	Berga, Kreuzung 80	Rottleberode, Stolberg/Harz	
16 / 7		Rottleberode	Harzgerode	A geradeaus nach Stolberg, Mittelalterliches Stadtbild
17 / 13		Auerberg	Hasselfelde	
18 / 9	242	Kreuzung 242	242 Hasselfelde	
19 / 10	242	Hasselfelde	242 81 Braunlage	
20 / 1	242 81	hinter Hasselfelde	Braunlage	

schließen. Vom Turnvater Jahn haben die meisten schon gehört, doch wer kennt schon die Lebensdaten (1778–1852) und weiß, daß er in Freyburg starb? Die Erinnerungsturnhalle in Freyburg informiert über das Leben Jahns zu Zeiten, als Volkssport ein Politikum war, und weckt eigene Erinnerungen an den Schulunterricht. Na denn: Hopp, hopp und hoch das Bein!

Über Laucha geht es nun nach Bad Bibra, mitten im hügeligen Naturpark Saale-Unstrut-Triasland gelegen. Das Städtchen ist kaum über die Landesgrenzen hinaus bekannt, liegt aber wirklich niedlich am Biberbach. Wer hier übernachtet, kann das nahegelegene Weinanbaugebiet erkunden. Die Motorradstrecken sind nicht spektakulär, aber angenehm zu fahren. Unser Weg überquert den Höhenzug Finne, um in Kölleda auf die B85 abzubiegen. Bei Sachsenfurt wird die Unstrut mit dem Ziel Bad Frankenhausen überquert. Der Kurort liegt am Fuße des Kyffhäuser, einer Art Harz im Kleinformat. Sicher könnte man Schloß und Stadtmauer besichtigen oder einen Abstecher zur Barbarossa-Höhle machen, doch die Kurven locken. Der Aufstieg aus der Ebene in den Kyffhäuser hat es in sich: Enge Kehren, ordentliche Steigung – gut 300 Höhenmeter werden auf der vier Kilometer langen Strecke

Das massige Schloß Neuenburg liegt oberhalb der Ortschaft Freyburg in Deutschlands nördlichstem Weinanbaugebiet.

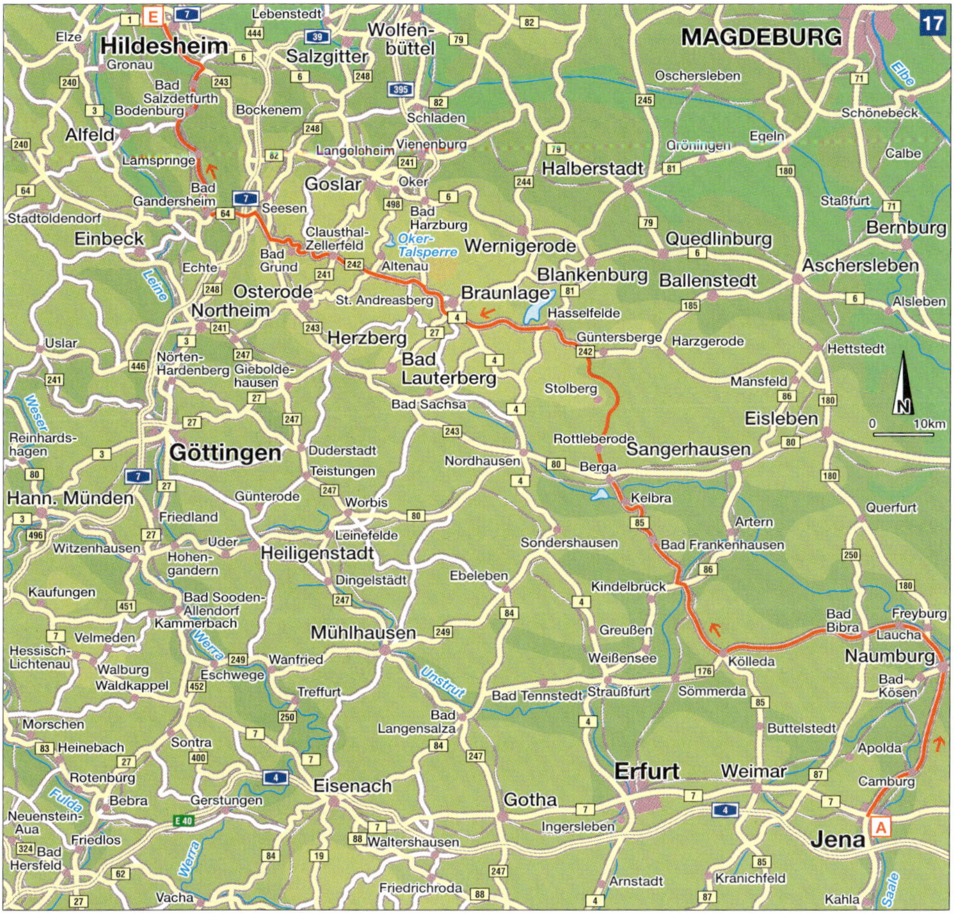

17

Elze · Lebenstedt · Wolfen-büttel · MAGDEBURG · Hildesheim · Gronau · Salzgitter · Oschersleben · Bad Salzdetfurth · Bockenem · Schönebeck · Bodenburg · Schladen · Gröningen · Egeln · Calbe · Alfeld · Langelsheim · Vienenburg · Halberstadt · Staßfurt · Lamspringe · Goslar · Oker · Bad Gandersheim · Seesen · Bad Harzburg · Wernigerode · Quedlinburg · Bernburg · Stadtoldendorf · Clausthal-Zellerfeld · Oker-Talsperre · Einbeck · Echte · Bad Grund · Altenau · Blankenburg · Ballenstedt · Aschersleben · Osterode · St. Andreasberg · Braunlage · Alsleben · Northeim · Herzberg · Hasselfelde · Güntersberge · Harzgerode · Hettstedt · Uslar · Nörten-Hardenberg · Gieboldehausen · Bad Lauterberg · Stolberg · Mansfeld · Reinhards-hagen · Göttingen · Duderstadt · Teistungen · Nordhausen · Rottleberode · Berga · Sangerhausen · Eisleben · Hann. Münden · Günterode · Worbis · Kelbra · Artern · Querfurt · Friedland · Uder · Leinefelde · Sondershausen · Bad Frankenhausen · Witzenhausen · Hohen-gandern · Heiligenstadt · Dingelstädt · Ebeleben · Kindelbrück · Bad Bibra · Freyburg · Kaufungen · Bad Sooden-Allendorf · Kammerbach · Mühlhausen · Greußen · Kölleda · Laucha · Naumburg · Velmeden · Wanfried · Weißensee · Bad Kösen · Hessisch-Lichtenau · Walburg · Eschwege · Treffurt · Bad Tennstedt · Straußfurt · Sömmerda · Buttelstedt · Apolda · Morschen · Heinebach · Sontra · Bad Langensalza · Erfurt · Weimar · Camburg · Rotenburg · Bebra · Gerstungen · Eisenach · Gotha · Ingersleben · Jena · Neuenstein-Aua · Friedlos · Waltershausen · Arnstadt · Kranichfeld · Kahla · Bad Hersfeld · Vacha · Friedrichroda

0 — 10km · N

Nr. km	Road	Position	Richtung	Information
21 / 19	242 4	Kreuzung 27 Abzw. Braunlage	↑ Clausthal-Zellerfeld	
22 / 7	242 4	Abzw. 242 von 4	← Clausthal-Zellerfeld	
23 / 10	242	Kreuzung 496	↑ Clausthal-Zellerfeld	
24 / 7	242	Clausthal-Zellerfeld, Kreuzung 241	↑ Seesen	Links zum Anschluß A 7 Richtung Kassel Bergapotheke, Bergwerksmuseum
25 / 6	242	Abzw. Wildemann	Seesen ←	geradeaus nach Wildemann, Langelsheim, B82 19-Lachter-Stollen
26 / 16	242	Kreuzung 64	64 Bad Gandersheim	Geradeaus zum Anschluß A 7 Richtung Hannover
27 / 7	64	Abf. Bad Gandersheim-Ost	→ Bad Gandersheim	
28 / 0,5		Bad Gandersheim	2x re. Hildesheim	(zweimal rechts abbiegen)
29 / 11		Lamspringe	↑ Hildesheim	Hotel-Restaurant Lindenhof, Bergstraße 10, Lamspringe, Tel. 0 51 83/10 41
30 / 6		hinter Harbarnsen	→ Hildesheim	
31 / 4		Bodenberg	Hildesheim, Bad Salzdetfurth ←	
32 / 8		Wesseln	243 Hildesheim ←	
33 / 11	243	Hildesheim, Kreuzung 1		

bis zum höchsten Punkt überwunden, anschließend geht es entsprechend kurvig wieder runter. Bei feuchter Straße ist dieses Teilstück durchaus anspruchsvoll. Immer wieder eröffnen sich schöne Ausblicke in Richtung Kelbra.

Nur kurz durchqueren wir anschließend die „Goldene Aue" genannte Niederung, deren fruchtbarer Boden seit Jahrhunderten die Bauern nährt. Der Unterharz ist bereits zu sehen, ab Berga geht es sanft bergan. In Rottleberode muß man sich entscheiden: entweder geradeaus nach Stolberg oder rechts über das Dorf Schwenda in den Harz. Beide Straßen treffen sich weiter oben wieder, haben schöne Kurven und einen mäßig guten Belag, es

Stolberg im Unter-Harz ist einen Abstecher wert, auch wenn die Straßen dorthin sehr schmal sind.

Der Sage nach hat Kaiser Barbarossa seine letzte Ruhestätte im Kyffhäuser gefunden, einem Bergzug mit wunderschönen Serpentinen inmitten der Tiefebene.

gibt keine großen Unterschiede, außer daß man in Stolberg Kaffee trinken und das eindrucksvoll auf einem Felsvorsprung sitzende Schloß bewundern kann. Die Straße über Schwenda hat bis zu acht Prozent Steigung, erst hinter dem Dorf fällt der Anstieg leichter aus. Wer hier im Frühjahr oder Herbst fährt, muß mit Nebel rechnen. Manch schöner Ausblick bleibt ihm dann verborgen. Hinter Breitenstein treffen wir auf die B242, der wir nun quer durch den Harz folgen. Stiege liegt nett an diesem kurvenreichen Teil der Strecke. Bei Hasselfelde verlaufen die B242 und die kreuzenden B81 ein kurzes Stück gemeinsam, bis es wieder rechts abbiegen heißt, um nach Braunlage fortzusetzen. Von der Einmündung der B4, die ein Stück auf der selben Trasse wie die B242 verläuft, bis Clausthal-Zellerfeld ist die Bundesstraße sehr gut, ja fast schon zu gut ausgebaut. Schnelle Kurven – rauf und runter geht es durch den Wald.

Die Hotels im Harz haben sich überwiegend auf Urlauber eingestellt, die eine oder zwei

Wochen bleiben. Die Preise sind nur in der Nebensaison als günstig zu bezeichnen, in der Hauptsaison ist es hier teurer. Lohnenswert wird immer eine Anfrage bei den örtlichen Kurverwaltungen und Touristeninformationen sein, ob und wo es günstige Privatzimmer gibt. Doch auch hier haben die Vermieter lieber Langzeitgäste als solche, die nur eine Nacht bleiben. Am Rand des Harzes, beispielsweise in Seesen und Bockenem, gibt es hingegen eine ganze Reihe guter und preiswerter Gasthöfe, hier wird man eher fündig als mitten im Harz.

Vor Bad Grund liegt in einer Linkskurve der Abzweig nach Wildemann. Hier läßt sich die Tour abändern: Wer geradeaus fährt, kommt in Langelsheim auf die B82 heraus, wo Anschluß an Tour 18 besteht. Dies ist vor allem für diejenigen interessant, die die Rundtour von Süden oder Osten her begonnen haben. So läßt sich der Kreis schließen, ohne daß man bis Hildesheim fahren muß. Am Rand des Harzes hinter Bad Grund wird die B242 auf die vierspurige B243 geführt, die dann auf die B64 trifft. Bad Gandersheim ist ausgeschildert, wir lassen den Harz hinter uns. Den Kurort, wo wir weiter nach Hildesheim abbiegen möchten, erreichen wir über die Ausfahrt Bad Gandersheim-Ost, ein Hinweis auf Hildesheim fehlt allerdings. Er findet sich erst in der Stadt. Landschaftlich schön geht es nun über Lamspringe und Bad Salzdetfurth am Sauberge vorbei zur B 243 bis nach Hildesheim, wo die Tour endet.

In Wildemann gibt der 19-Lachter-Stollen einen Einblick in die Arbeit der Bergleute im Harz.

WEITERFÜHRENDE INFORMATIONEN

 Günstige Übernachtung

Hotel Bibermühle
Lauchaerstraße 36
Bad Bibra
Tel. 03 44 65/60 30

Hotel-Restaurant Lindenhof
Bergstraße 10
Lamspringe
Tel. 0 51 83/10 41

 Auskunft

Tourismusverband Sachsen-Anhalt
Große Diesdorfer Straße 12
30108 Magdeburg
Tel. 03 91/73 84-300
Fax 03 91/73 84-302

Fremdenverkehrsgesellschaft Saale-Unstrut-Elster
Am Gerichtskeller 5
06632 Freyburg
Tel. 03 44 64/30 30
Fax 03 44 64/30 38

Harzer Verkehrsverband
Marktstraße 45
38640 Goslar
Tel. 0 53 21/34 04-0
Fax 0 53 21/34 04-66

VOM HARZ ZUM KAUFUNGER WALD: VON HILDESHEIM NACH FULDA

 Ausgangsort
Hildesheim

 Zielort
Fulda

 Gesamttourenlänge
330 km

 Zeitbedarf
1–2 Tage

 Anschluß
Zubringer Tour 17 von Jena nach Hildesheim, Anschluß Tour 16 von Fulda nach Weimar, Anschluß Tour 15 in umgekehrter Richtung von Fulda nach Koblenz

 Sehenswertes
Goslar: Altstadt; St. Andreasberg: Silberbergwerk; Duderstadt: Mittelalterliches Stadtbild; Teistungen: Grenzlandmuseum; Bad Sooden-Allendorf: Malerische Altstadt; Fulda: Dom, Schloß Fasanerie

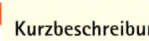 **Kurzbeschreibung**
Auf dieser Nord-Süd-Strecke werden die schönsten Mittelgebirge durchfahren. Zunächst wird der Harz durchquert, dann geht es über die Hochebene des Eichsfeldes zum Meißner in den Kaufunger Wald. Kurvige Bergstraßen wechseln mit lieblichen Tälern ab. Die Tour endet verkehrsgünstig in Fulda.

Sicher, man kann an einem Tag durch den Harz und weiter bis nach Fulda fahren. Aber die Reviere sind so schön, daß diese Tour kaum mehr als ein Appetithäppchen ist. Welche Straße durch den Harz ist die schönste? Ich mag sie nicht miteinander vergleichen, schließlich ist es auch eine Geschmacksfrage,

was man bevorzugt. Dem einen gibt extremes Knieschleifen in jeder Kurve den Kick, der andere will auch beim Fahren noch schauen können. Diese Tour ist ein Kompromiß aus schönen Strecken und zügigem Fortkommen, Abstecher und Schlenker können nach Zeit, Wetter und Laune hinzugefügt werden.

Beginn ist in Hildesheim, einmal wegen der verkehrsgünstigen Lage bei Hannover, zum anderen aber auch, weil Hildesheim selbst ein interessantes Reiseziel ist. Die UNESCO setzte den Dom und die Kirche St. Michael in Hildesheim auf die Liste des Weltkulturerbes, weil sie einmalige Zeugnisse der karolingischen Zeit sind. Die Ursprünge des Doms lassen sich bis 872 zurückverfolgen, und St. Michael stammt aus dem Jahre 1010. Außerdem werden im örtlichen Museum

immer wieder spektakuläre Ausstellungen gezeigt, die Besucher aus ganz Deutschland anlocken.

Unsere Tour beginnt an der Kreuzung zwischen B1 und B243, die nicht zu verfehlen ist, wenn man von der A7 die Abfahrt Hildesheim nimmt. Der B243 folgen wir zunächst parallel zur Autobahn in Richtung Seesen. Hildesheim liegt genau am Übergang vom Flachland zu den beginnenden Mittelgebirgen. Schon vor Bockenem durchkurven wir die erste Anhöhe, bei Rhüden biegen wir dann Richtung Goslar ab und sehen den Harz schon rechter Hand liegen. Kurz vor Goslar muß man sich entscheiden: entweder links herum die Umgehungsstraße, wie im Roadbook beschrieben, fahren – oder rechts in Richtung Zentrum. Beide Straßen treffen sich übrigens wieder. Goslar war schon früh eine reiche Stadt und

754 Meter hoch erhebt sich der Meißner und gibt den Blick frei über die Dörfer Nordhessens. Einsame Landstraßen führen hinauf zur Aussicht.

121

ROADBOOK: Motorradtouren in Norddeutschland

Tour 18	Region: Harz und Kaufunger Wald Etappe: Hildesheim – Fulda		Karte: Generalkarte Deutschland, Bl. Nr. 7, 9, 11, 13
Nr. km	**Road**	**Position**	**Richtung**	**Information**
1		Hildesheim Kreuzung [1] und [243]	[243] Seesen	
2 — 11	243	Wesseln	Seesen	
3 — 12	243	Bockenem	Seesen	Abzw. zur A 7, Abf. Bockenem Hotel-Restaurant Sauer, Allensteiner Straße 7, Bockenem, Tel. 0 50 67/64 20
4 — 6	243	Rhüden	[82] Goslar	
5 — 1	82	Kreuzung A 7 Abf. Rhüden	Goslar	
6 — 19	82	hinter Astfeld	Wernigerode, Bad Harzburg	
7 — 0,5	82	Kreuzung [6]	[6] Wernigerode, Bad Harzburg	
8 — 2,5	82 6	Umgehung Goslar	[498] Altenau	Goslar: Altstadt
9 — 11	498	Okertalsperre	Altenau	
10 — 6	498	Altenau	Osterrode	[A] links nach Torfhaus
11 — 1	498	Altenau	Osterrode	
12 — 3,5	498	Kreuzung [242]	[242] Braunlage, St. Andreasberg	
13 — 7	242	Hotel Altes Forsthaus	St. Andreasberg	
14 — 6		St. Andreasberg	Bad Lauterberg	Silberbergwerk
15 — 3		vor Silberhütte	Bad Lauterberg	
16 — 1		Silberhütte	Bad Lauterberg	
17 — 7		Bad Lauterberg	[27] Göttingen, Herzberg	
18 — 14	27	Herzberg	Göttingen	
19 — 11	27	Gieboldehausen	[247] Duderstadt	
20 — 11	247	Duderstadt	Mühlhausen, Worbis	Mittelalterliches Stadtbild

nach mittelalterlichen Maßstäben eine Industriestadt: Die Erzgruben sorgten für Wohlstand der Bürger, Goslar wurde Mitglied der Hanse, zu der keineswegs nur Küstenstädte zählten. Die Kaiserpfalz aus dem 11. Jahrhundert zeugt ebenso vom Reichtum Goslars wie das Rathaus und zahlreiche prächtig verzierte Bürgerhäuser.

Wir fahren von der vierspurigen Umgehungsstraße ab in Richtung Altenau. Die Straße schlängelt sich durch das Oker-Tal bergauf, auf Parkplätzen an der Oker-Talsperre findet sich die Muße, auch mal einen Augenblick die Landschaft zu genießen. In Altenau gibt es die Möglichkeit zu einem Schlenker über Torfhaus zur B4. Auf der B496, die wir nach Altenau genommen haben, folgen noch einmal ein paar schöne Kurven, bis wir auf die Hochharzstraße treffen, der wir nach Osten bis zum Abzweig nach St. Andreasberg folgen. Der Ort wurde durch sein Silberbergwerk bekannt, berühmt wurde St. Andreasberg durch das vermutlich erste Winterfest Deutschlands mit Skiwettläufen im Jahre 1896. Die Straßen sind hier schmaler, nicht so opulent ausgebaut wie im Westharz. Neben der beschriebenen Route zur B27 nach Bad Lauterberg gibt es auch die Möglichkeit, über Sieber direkt nach Herzberg zu fahren. Die B27 ist zwischen Bad Lauterberg und Herzberg vierspurig ausgebaut; wir folgen ihr bis Gieboldehausen, wo wir auf die B247 nach Duderstadt abbiegen.

In Duderstadt sind über 500 Fachwerkhäuser aus verschiedenen Jahrhunderten erhalten, sie prägen das markante Gesicht der Kleinstadt. Ein Stadtrundgang ist lohnenswert. Vor Teistungen wurde die ehemalige Grenze zwischen BRD und DDR sichtbar gemacht: Genau hier befinden sich eine Hotelanlage mit Freizeitbad und das Grenzlandmuseum; ein gläserner Übergang führt über die Straße. Wir biegen bei Teistungen rechts ab durch das Eichsfeld nach Berlingerode und Heiligenstadt. Die Straße über die Hochebene mit ihren Obstbäumen läßt sich angenehm fahren, sie ist ein Teilstück der Deutschen Alleenstraße.

In Heiligenstadt treffen wir auf die B80 nach Witzenhausen, die, abgesehen von einem Bahnübergang, gut ausgebaut ist. Wenn viel Schwerlastverkehr unterwegs ist, kommt als Alternative die Straße von Uder nach Bad Sooden-Allendorf in Frage. Zum derzeitigen Straßenzustand der Abkürzung läßt sich nichts sagen; 1998 gab es noch reichlich Schlaglöcher. Landschaftlich ist diese Route aber sehr reizvoll. Wer auf der Hauptroute bleibt, erreicht wieder die B27, die weiter nach Eschwege und Bad Hersfeld führt. Wir folgen ihr bis Bad Sooden-Allendorf, das ideal für eine Zwischenübernachtung liegt.

Hinter den Stadtmauern finden sich im Stadtteil Allendorf pittoreske Gassen, während das Kurviertel Bad Sooden auf der anderen Seite der Werra am Hang liegt. Wer ein Quartier mit Aussicht sucht, sollte den Berggasthof Ahrenberg wählen, der Abzweig

Im Werratal zwischen Witzenhausen und Bad Sooden-Allendorf liegt Burg Ludwigstein weit sichtbar auf einem Bergrücken.

von der B27 zum Ortsteil Ahrenberg liegt etwa drei Kilometer vor Bad Sooden-Allendorf. Vom Berggasthof schaut man hinab auf das Werratal, zu Fuß dauert es von dort auf markierten Wanderwegen etwa eine halbe Stunde bis in den Ort.

123

Bad Sooden-Allendorf besticht durch seine
Altstadt mit den vielen Fachwerkhäusern
entlang der Werra.

Nr. km	Road	Position	Richtung	Information
21 / 0,2	247	Duderstadt	Mühlhausen, Worbis ↱	Achtung! Unübersichtliche Beschilderung
22 / 6	247	Teistungen	Heiligenstadt, Berlingerode ↱	Hotel Teistungenburg, Klosterweg 6 – 7, Teistungen, Tel. 03 60 71/8 40; Grenzland-Museum, Erlebnisbad
23 / 9		vor Günterode	Heiligenstadt ↱	
24 / 4		Abzw. Hohes Kreuz	Heiligenstadt ↰	
25 / 4		Heiligenstadt	80 Witzenhausen ↰	Norddeutscher Bund, Göttinger Straße 25, Heiligenstadt, Tel. 36 06/5 53 00
26 / 5	80	Uder	Witzenhausen ↑	A Alternativroute: links nach Bad Sooden-Allendorf
27 / 9	80	Hohengandern	Witzenhausen ↑	A Burg Hanstein, Teufelskanzel
28 / 3	80	Kreuzung 27	Bad Sooden-Allendorf, Eschwege 27 ↰	
29 / 15	27	Bad Sooden-Allendorf	Trubenhausen ↱	Malerische Altstadt
30 / 0,2		Bad Sooden-Allendorf	Trubenhausen ↰	Hotel Schaper, Landgrafenstraße 1, Bad Sooden-Allendorf, Tel. 0 56 52/40 43; Berggasthof Ahrenberg, Bad Sooden-Allendorf, OT Ahrenberg, Tel. 0 56 52/9 57 30
31 / 4		BSA-Kammerbach	Naturpark Meißner ↰	
32 / 3		Abzw. Eschwege	Naturpark Meißner ↑	
33 / 6		Restaurant Schwalbental	Naturpark Meißner ↰	
34 / 7		Velmeden	Hess. Lichtenau ↰	
35 / 2		Walburg	7 Kassel, Hess. Lichtenau ↰	
36 / 4	7	Hess. Lichtenau	487 Spangenberg, Melsungen ↰	Achtung! Unübersichtliche Verkehrsführung
37 / 12	487	Spangenberg	Morschen ↰	
38 / 8		Altmorschen, Ortsausgang	Bebra, Kassel ↰	
39 / 0,1		Altmorschen, Ortsausgang	83 Bebra ↱	
40 / 8	83	hinter Heinebach	Neuenstein, Baumbach ↱	

Unsere Route führt weg von der Bundesstraße zum Naturpark Meißner, der ab Kammerbach ausgeschildert ist. Wir gewinnen schnell an Höhe, der oberste Parkplatz liegt bei rund 700 Höhenmetern. An mehreren Stellen bietet sich ein schöner Rundblick über die hügelige Landschaft zu Füßen des Meißner. Auf der Westseite geht es langsam hinab über Velmeden und Walburg nach Hessisch Lichtenau. Dort biegen wir auf die B487 nach Spangenberg ab, doch die folgende Ortsdurchfahrt ist so schlecht beschildert, daß man den Eindruck hat, es handele sich allenfalls um eine Kreisstraße. Auch wenn die Straßennummern auf den Schildern fehlen, solange „Spangenberg" ausgeschildert ist, ist man richtig. Dort angelangt, heißt es hinter der Ortsmitte nach links in Richtung Morschen abzubiegen. Obstbäume, Felder und Wiesen säumen die Landstraße nach Morschen, wo eine Brücke über die B83 führt. Wir fahren Richtung Bebra auf der Bundesstraße bis hinter Heinebach, wo es rechts nach Baumbach und Neuenstein abgeht.

Es folgt ein liebliches Tal bis Friedlos, wo wir auf die stark befahrene B27 nach Bad Hersfeld treffen. Wer möchte, kann die B27 bis Fulda durchfahren, der Verkehr nimmt nach dem Anschluß an die A4 etwas ab. Unsere Tour folgt jedoch dem Lauf der Fulda zunächst auf der B62 bis Niederjossa, dann auf der Landstraße über Schlitz nach Fulda. Bei Niederaula besteht Anschluß an die A7, diese Auffahrt in Richtung Süden hat den Vorteil, daß man sich die Autobahndreiecke von Kirchheim und Hattenbach erspart, wo sich der Verkehr öfter mal knubbelt. Das Roadbook weist die Strecke bis zum Orteingang Fulda aus, wo man sich entscheiden muß: Geradeaus ist die A7 ausgeschildert, nach rechts geht es über das Zentrum zur B27. Wer mit Tour 16 anschließen möchte, hält sich ebenfalls rechts. Am Übergang zwischen den beiden Touren verbringt man die Kaffeepause am schönsten im Park von Schloß Fasanerie, das südlich von Fulda nahe der B27 liegt.

Nr. / km	Road	Position	Richtung	Information
41 / 2		Baumbach	↑ Neuenstein	
42 / 5		Abzw. Neuenstein	↑ Bad Hersfeld	
43 / 14		Friedlos	↱ **27** Bad Hersfeld	
44 / 5	27	Bad Hersfeld	**27** **62** Fulda, Alsfeld ↰	
45 / 0,3	27 62	Bad Hersfeld	**62** Alsfeld, Niederaula ↱	
46 / 12	62	Niederaula	↑ Alsfeld	Ⓐ Alternativroute: rechts auf die A7 Kirchheimer Dreieck
47 / 3	62	Kreuzung A7	↑ Alsfeld	
48 / 1	62	Niederjossa	Schlitz ↰	
49 / 13		Schlitz	Fulda ↰	Hotel-Restaurant Vorderburg, An der Vorderburg 1, Schlitz, Tel. 0 66 42/9 63 00
50 / 18		Fulda	↑ A7 oder ↱ Stadt-mitte	Dom, Schloß Fasanerie

WEITERFÜHRENDE INFORMATIONEN

 Günstige Übernachtung

Hotel-Restaurant Sauer
Allensteiner Straße 7
Bockenem
Tel. 0 50 67/64 20

Hotel Teistungenburg
Klosterweg 6 – 7
Teistungen
Tel. 03 60 71/8 40

Norddeutscher Bund
Göttinger Straße 25
Heiligenstadt
Tel. 0 36 06/5 53 00

Hotel Schaper
Landgrafenstraße 1
Bad Sooden-Allendorf
Tel. 0 56 52/40 43

Berggasthof Ahrenberg
Bad Sooden-Allendorf
OT Ahrenberg
Tel. 0 56 52/9 57 30

Hotel-Restaurant Vorderburg
An der Vorderburg 1
Schlitz
Tel. 0 66 42/9 63 00

 Auskunft

Harzer Verkehrsverband
Marktstraße 45
38640 Goslar
Tel. 0 53 21/34 04-0
Fax 0 53 21/34 04-66

Fremdenverkehrsverband Werra-Meißner-Land
Nordbahnhofsweg 1
37231 Witzenhausen
Tel. 0 55 42/95 81 58
Fax 0 55 42/7 23 13

Hessen Touristik Service
Abraham-Lincoln-Straße 38 – 42
65189 Wiesbaden
Tel. 06 11/7 78 80-0
Fax 06 11/7 78 80-40